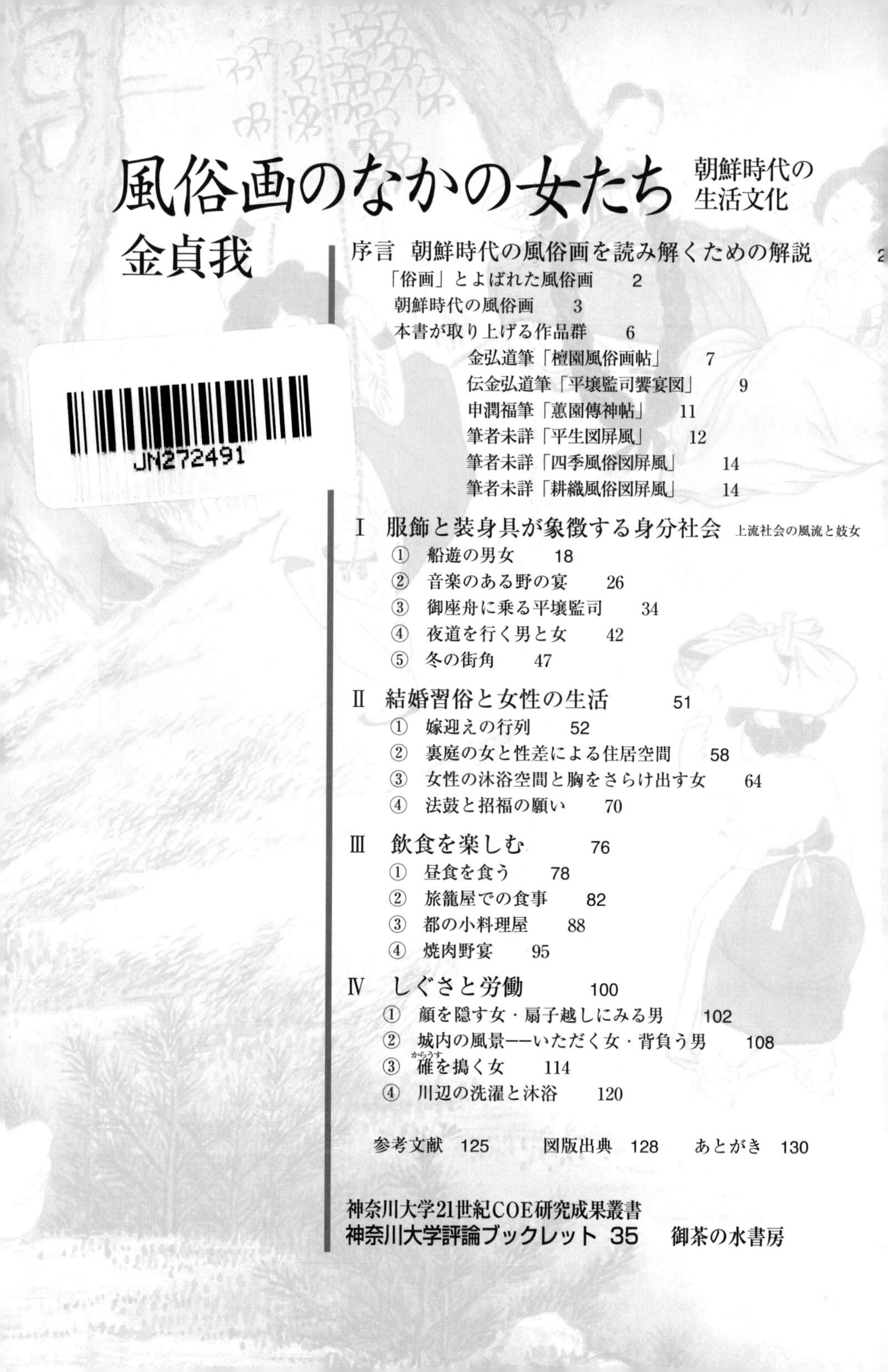

風俗画のなかの女たち
朝鮮時代の生活文化

金貞我

神奈川大学21世紀COE研究成果叢書

神奈川大学評論ブックレット 35　御茶の水書房

序言――朝鮮時代の風俗画を読み解くための解説

「俗画」とよばれた風俗画

朝鮮時代（一三九二―一九一〇）に、世俗の模様を描いた風俗画は「俗画」と呼ばれた。現実の生き様を観察の目でとらえた風俗画は、「俗なる絵」と扱われ、文人好みの絵画と対比された。封建時代における士大夫中心の考えからみると、平凡な日常の出来事や生業の営みを主題とする絵画は、知識人が教養として愛好する山水画を中心とした鑑賞画とは異質で、俗なる絵として低く扱われた。そのような認識のなかで、人々の暮らしやさまざまな行事を細密に描いた絵は、朝鮮時代を通してみると、それほど盛んに制作されたわけではなかった。絵画のみではなく、朝鮮時代を支配していた儒教文化のなかでは、文字による記録が重視され、様々な出来事や情報を図像で表わすことは、一般に行われることは少なかった。挿絵を伴う絵日記や旅日記などもほとんど残されていない。そのような状況で、朝鮮中期以降になると、庶民の生活を主題とする俗画の制作が徐々に増えてくる。図による記録が少ない中で、俗画は、朝鮮時代の人々の暮らしぶりがヴィジュアルに表されている貴重な資料となる。本書では、朝鮮時代に描かれた複数の風俗画を取り上げ、そこから発信される人々の姿や行為に関わるメッセージを読み取ることを主な内容とする。そのなかでも特に焦点を当てるのは、朝鮮時代における女性の生活文化である。本書で取り上げる風俗画資料は、主に、風俗画制作の全盛期とされる一八世紀後半から一九世紀初め頃に制作された作品が中心である。その時代に制作された風俗画には、様々な風物や人々の暮らしが写実的に描きこまれているのが多く、当時の生活文化を今に伝える貴重は記録でもある。本書は、風俗画が発信するコンテクストを、できる限り同時代の視線で眺め、図のなかの女性の姿や人々の暮らしぶりを広く読み取ることに重点を置くことにする。そして各場面は、描かれた事物と行為などを重視して、服飾、結婚習俗と女性の日常、飲食、しぐさと労働といった中心となる主題でまとめ、解説を付けた。各場面を読み取る際には、朝鮮時代の生活文化に関する基本的な情報を伝える方法として、図に描かれた各々の事物やしぐさに番号を付して名称を与えた。図の中の番号は本文中にも用い、設定場面の読み取りを理解しやすくした。

朝鮮時代の風俗画

朝鮮時代に、生活の諸相を表わす風俗的表現を取り上げた絵画は、中期（一七—一八世紀）に至るまで制作されることはそれほど多くなかった。朝鮮時代の絵画制作は宮中の画院が中心であり、画院の画家が主に宮廷の出来事を描く記録画と装飾画を制作していた。画院画家は支配階級の注文にも応えて、両班《りょうはん》士大夫好みの絵画を制作したが、民間では町絵師が庶民の需要に応えて絵を制作していた。朝鮮時代において、風俗画が本格的に描かれるようになったのは宮廷の画院画家によるものであり、その画風は民間の町絵師にも影響を与えた。

日常生活の様々な姿を描く風俗的表現は、「俗画」が台頭する以前に、宮廷の行事を詳細に描く儀軌図《ぎきず》や両班知識層の文化活動を描く契会図、雅集図などに、添景として描かれ始めた。それは、記録画に現実味を与えるために付け加えられた副次的な表現であった。残存する、もっとも古い作例の一つが画員韓時覚（一六二一―一七世紀末）よる「北塞宣恩図巻《ほくさいせんおんずかん》」（一六六四）である（イ・テホ『風俗画Ⅰ』デウォン社、二〇〇二年）。「北塞宣恩図巻」は、朝鮮王朝北部にある吉州《きっしゅう》と咸興《かんこう》の官衙で実施された科挙別試の様子を、国王に報告するために描いた記録画である。官衙の周辺には、牛車を利用して荷物や粗朶《そだ》を運びながら川を渡る人々が描かれており、整然と構成される官衙の風景が現実感を高めている。このような風俗的表現は、作品の中心的な主題を直接語る要素ではないが、観る者に現場への親密さを感じさせる。このような風俗的表現は、記録画のなかにたびたび登場しており、次の時代における風俗画制作の活発な動きを暗示する兆しとして注目される。

その後、風俗画制作は、一七世紀末から一八世紀初めにかけて新たな展開を迎える。この時期になると、尹斗緒《いんとしょ》（一六六八―一七一五）、趙栄祏《ちょうえいせき》（一六八六―一七六一）のような士大夫画家が、庶民の日常生活や生業労働を、直接、絵画の対象として捉えたのである。かれら士大夫画家は、実用主義を重要視する実学の時代精神と進歩的な意識を背景に、一般庶民の生活に大いなる関心と愛情の眼をむけたのである。一七世紀末から一八世紀初めにおける風俗画の制作は、添景に留まっていた前時代の風俗表現とはまったく異なる様相を示すことになった。

このような絵画史の流れには、当時、清国から流入された画譜類や小説の挿絵、「清明上河図《せいめいじょうかず》」のような都市図、耕織図《こうしょくず》などにおける、写実的手法が少なからず作用していたと言われる。特に、庶民の生業を絵画化する傾向は、耕織図の表現様式から大きな刺激を受けた。一七世紀末から一八世紀初め頃には、山水画においても、従来の観念的な山水画から実際の景色を描く真景山水画へと変わっていった。現実の生活と市井の空間に目を向ける風俗画は、士大夫画家のみならず、宮廷の画員と中人階級（両班と常民の間に位置する中間階級）の画家による制作まで広がり、量と質も共に大きく変わっていったのである。宮廷の画員である金斗樑《きんとりょう》（一六九六―一七六三）と中人画家姜熙彦《きょうきげん》（一七三八―一七九二頃）は、この転換期の風俗画を代表する。しかし、士大夫画家による「俗画」は、依然として、「人に見せるべき絵でない」という認識があった。例えば、趙栄祏による風俗画帖「麝臍帖《しゃせいじょう》」の表紙には、「勿示人犯者非吾子孫」と書かれており、子孫に「麝臍帖」を一般にみせることを厳しく禁じている。現実世界の平凡な日常に高い関心と愛情を示しながらも、それを表わした絵は世に知られたくない、という封建社会における士大夫意識が窺える。

風俗画の主題が多様化し、時代様式として定着していくのは、英祖年間の一八世紀半ば以降である。この時代の風俗画の作例は、宮廷の画員によるものが多い。画員の金弘道（一七四五―一八一〇）や金得臣（一七五四―一八二二）などによる作例は、従来の画壇では見ることのなかった画期的な内容であった。この時代の風俗画は、主に、画院の役割を担っていた図画署《とがしょ》で制作された。図画署で行われた風俗画制作は、正祖が一七八三年、昌徳宮の奎章閣《けいしょうかく》に差備待令画員《さびたいれいがいん》と呼ばれる新たな宮廷画院の職制を設け、図画署の絵画制作を吸収した後も続いた。差備待令画員に関する資料は、奎章閣の日誌である『内閣日暦』に伝わるが、正祖が画員に出した画題のなかには「俗画」が数多く含まれている。宮廷の画員が制作した風俗画は民間の町絵師にも影響を与え、数多くの模本や類似本が制作された。なかには、申潤福のような傑出した町絵師も現われ、風俗画は、宮廷のみならず、民間でも需要が広まっていた。一八世紀後半以降になると、画題はより現世的になる。なかでも、多様な階層の人物を題材にしている点は、特に注目される。風俗画の主人公たちはもはや特権階級のみではない。一般庶民の男女はいうまでもなく、下級官吏や下女、そして妓女など、社会の最下層階級の人間像も数多く登場する。また、多様な姿の女性が描かれるようになったのもこの時代の風俗画の特徴である。生業を担った庶民男女の労働や生活雑事から遊びに興じる場面まで、絵師の目に収まった日常の様々な人間模様は、文献のみでは伝わらない朝鮮時代の生活の断面をいきいきと証言してくれる。

本書が取り上げる作品群

（一）金弘道《きんこうどう》筆　一八世紀後半「檀園風俗画帖《だんえんふうぞくがじょう》」二五葉（各二七・〇×二二・七センチ）紙本淡彩、国立中央博物館蔵

（二）伝金弘道筆「平壌監司饗宴図《へいじょうかんしきょうえんず》」三幅（各七一・二×一九六・六センチ）紙本着色、国立中央

博物館蔵

（三）申潤福《しんじゅんふく》筆　一八世紀後半「蕙園傳神帖《けいえんでんしんじょう》」三〇葉（各三五・六×二八・二センチ）紙本着色、澗松美術館蔵

（四）筆者未詳　一八世紀後半「平生図《へいぜいず》屛風」八曲一隻（各五三・九×三五・二センチ）絹本着色、国立中央博物館蔵

（五）筆者未詳　一九世紀前半「四季風俗図屛風」八幅（各七六・〇×三〇・〇センチ）絹本着色、国立中央博物館蔵

（六）筆者未詳　一八世紀後半「耕織風俗図屛風」四曲一双（各四七・〇×一五〇・〇センチ）絹本淡彩、漢陽大学校博物館蔵

金弘道筆「檀園風俗画帖」

檀園は、朝鮮王朝の英祖・正祖年間に活躍した宮廷の画員金弘道（一七四五―一八一〇）の号である。「檀園風俗画帖」は、金弘道が三〇代後半に制作されたものと推定される朝鮮時代風俗画の最高傑作の一つとして、従来から高く評価されている。金弘道が制作した絵の画題は、肖像画、宮廷の行事を描いた記録画、故事人物画、道釈画、山水画など多方面にわたっており、当代に最高の技量を持つ画員として評価された。一七七三年には、英祖（在位一七二四―七六）と王世孫だった正祖（在位一七七六―一八〇〇）の肖像画を制作し、その褒賞として王室の菜園を管理する司圃署《しほしょ》

の監牧官に任命されたことも知られている。朝鮮時代において、国王の肖像画を制作することは宮廷の画員にとって最高の名誉とされたが、金弘道は、一七八一年と一七九一年の二回にわたり正祖の肖像画制作を務めており、その功績が評価され、忠清道、延豊の県監という役職に任ぜられることになる。県監という役職は従六品の地方行政職であったが、絵師は身分の卑しい絵描きか職人としか認識されなかった朝鮮時代の身分社会において、金弘道は異例に破格的な出世を成し遂げた絵師であったといえる。一七九一年、正祖の肖像画を制作した後に、明末の文人画家である李流芳（一五七五—一六二九）の号に倣って「檀園」を名乗った。「檀園風俗画帖」の制作時期は、金弘道が「檀園」と号を改めた一七九一年以降の制作とされる。

「檀園風俗画帖」は二五葉からなる画帖である。紙本淡彩で、背景を省略した小画面に日常生活が素描風に描かれている。複数の小画面を一つの画帖に仕立てる形式は、文人画家の趙栄祏（一六八六—一七六一）による「俗画帖移模本」から始まったとされる（陳準鉉、『檀園金弘道研究』、一志社、一九九九年）。「俗画帖移模本」は、小画面の七〇葉からなる画帖形式の風俗画であると推察されているが、小画面を二五葉や三〇葉、もしくは七〇葉にまとめ、一つの画帖に仕立てるのは、一八世紀以降に流行った風俗画の画面形式であった。後述する申潤福筆『蕙園傳神帖』も三〇葉からなる小画面の風俗画帖である。

「檀園風俗画帖」は、庶民の生活に根ざした生業の現場や日常生活の一瞬を、背景を描かず、人物そのものに焦点をあて、繊細な感覚で捉えている。特に、親しみやすい画題による風俗表現は、当代の風俗画制作に大きな影響を与えただけでなく、後代の画家にも受け継がれた。なかには、町絵師による稚拙な風俗画や模写本にも金弘道の落款と印章が利用されており、それが金弘道による風俗画の真贋を紛らわしくする要因にもなっている。「檀園風俗画帖」は、当時、俗画と呼ばれ、軽視された風俗画の価値を高めた傑作として、金弘道の時代のみならず、現在にも朝鮮時代の代表的な風俗画として親しまれている。

伝金弘道筆「平壌監司饗宴図」

「平壌監司饗宴図」は、「月夜船遊」、「練光亭宴会」、「浮碧楼宴会」と、小題が付されている三幅の額縁装である。英祖五〇年（一七七四）に、申光洙《しんこうしゅ》（一七一二—一七七五）が平壌監司に赴任する親友の蔡済恭《さいせいきょう》（一七二〇—一七九九）に向けて、遊興の町として名高い平壌で享楽に陥ることなく、政事に専念するように戒めるべく著した『関西楽府』を絵画化したものである。三幅は、平壌の名所として名高い練光亭、浮碧楼などの平壌城とその周辺の景観をまとまりよく写している。第三幅「浮碧楼宴会」の右端には、「檀園写」の落款と印章が署されているが、金弘道の真筆とは断定できない。

平壌は、古くより朝鮮西北部の名勝地として名高い場所であった。平安道文人の詩話集『西京詩話』や明の使臣の詩文を集めた『皇華集《こうかしゅう》』のなかにも、平壌の美しい景観と遺跡を賞賛する詩が多く詠まれ、なかでも練光亭、浮碧楼、挹灝楼《ゆうこうろう》、牡丹峰などは繰り返し登場している。平壌の景勝地はたびたび絵画化された。作例は現存しないが、一五世紀頃から、平壌の名勝十景を絵にした「題岐城十景図屛風」や「関西名勝帖」、「西京名勝帖」などといった、屛風や画帖による平壌名所絵が制作されたことが知られている。

しかし、平壌城は、壬辰倭乱《じんしんわらん》（文禄・慶長の役、一五九二―一五九八）と丙子胡乱《へいしこらん》（清の朝鮮侵入、一六三七―一六三八）の後にほとんど修復が行われず、往年の美しい町並みは荒廃したまま放置されていた。私撰邑誌『平壌誌』および『平壌続誌』によれば、平壌城と平壌の名所における建造物の修復は、英祖年間になってからようやく着手されることになる。英祖九年（一七三二）に修復が本格化し、その後、浮碧楼、正陽門、普通門、待月楼など、各名勝地の建造物が順次修復された。

一八世紀半ば以降、多くの平壌図が制作され、民間に流布した時期が、平壌城とその周辺の景勝地の楼閣などが再建された時期とほぼ一致している点は注目に値する。正祖年間には、平壌図の制作が宮廷で盛んに行われただけではなく、民間にも拡大し、宮廷の画員が制作した原画が木版刷りにより大量に複製された。現存する平壌図のなかには、木版刷りに彩色を施した作例もあるが、本書で取り上げた「平壌監司饗宴図」は、木版刷りの平壌図を肉筆で模写したものと見受けられる。三幅の図には、見物に訪れた様々な身分の人物や赴任に伴う随行人、地方官衙の官吏、そして楽工や官妓など、多様な官職の人物が描かれたとおり、朝鮮時代の官衙風俗の宝庫とも言える。

申潤福筆「蕙園傳神帖」

「蕙園傳神帖」は、金弘道とともに朝鮮時代の代表的な風俗画家として広く知られる申潤福が描いた三〇葉の画帖である。各図には都市の人物像が独立した画題で描かれ、全ての場面に女性が登場する。一六図には「蕙園」の落款と印章が捺印されており、漢詩を有する一一図とその筆跡が一致することから、画帖は申潤福の真筆と見做される。現在に伝わる「蕙園傳神帖」の題字と所蔵印は、二〇世紀初頭に、収蔵家の呉世昌《ごせいしょう》（一八六四—一九五三）が申潤福の号を借りて付けたものである。「蕙園傳神帖」が当初から揃った一式の画帖であったのかどうかを判断する手がかりはないが、各料紙には中心を横切る折り目や装丁のために糸を通した痕跡があり、おそらく、一時は冊子の形態に仕立てられていたと考えられる。

画帖形式は同時代の画員金弘道の「檀園風俗画帖」を倣ったものと見受けられるが、題材においては、共通するところは少ない。空間の扱いにおいても、「檀園風俗画帖」が図様を大きく取り上げ、背景をほとんど省略しているのに対して、「蕙園傳神帖」は、街の一角、裏庭、渓谷、川辺、そして山寺の周辺といった一種の舞台を設定し、そのなかに人物を収めている。描かれた人物は殆んど漢陽（ソウル）の城内の人間像のように見受けられ、王朝の社会から疎外された最下層の人々が独立した画題として取り上げられているのも特色である。そして、画帖の三〇葉にすべて、女性が描かれていることも特記しなければならない。庶民の女性、寡婦、老婆、巫女、妓女など、従来は絵画の対象になることの少なかった女性たちの姿を繊細な感覚で捉えた場面が多い。特に、男と遊楽に耽る妓女や露骨に身体を接触する男女、そして川辺で沐浴する女性の表現などは、ひときわ異彩を放つ。朝鮮時代の絵画作品のなかで、これほど多くの女性が画題とされたのは稀なことである。申潤福は、宮廷の図画署の画員でありながら卑俗な絵を描いたことで図画署から追い出されたと伝わるが、申潤福の遺作をみるとその伝承がうなずける。朝鮮時代の画家集である『青丘画史』には、申潤福は「東家食西家宿」する放浪の絵師であり、中人階級と交流が深かったという記述が知られているが、図画署を出た後は中人階級のために絵を描いて生活をする、町の職業画家になったと見なすことができる。画員の制約から自由になり、町絵師としての奔放な生き方が「蕙園傳神帖」にも反映されていることを窺わせてくれる。

筆者未詳「平生図屛風」

平生図は、朝鮮王朝の社会が理想とする士大夫の一生の出来事を描いた朝鮮時代の特有の画題で、士大夫の一生における重要な通過儀礼と立身出世の過程を八曲の屛風に仕立てるのが一般的である。その構成は、第一扇は初誕生の祝いを描き、第二扇は成長した子供の婚姻儀礼を描く。第三扇は科挙に及第し、三日間の挨拶に回る「三日遊街」を描き、第四扇から第七扇までは、初任官職から順次に位が上がり、王朝最高の官職に就く過程を描き、両班士大夫の名誉ある人生を表わす。最後の八扇は、回甲《かいこう》（還暦の祝い）、もしくは回榜《かいほう》（科挙に及第してから六〇年の祝い）、回婚礼（婚礼から六〇年の祝い）を配置するのが一般的である。本屛風は、大勢の子孫から祝福を受けながら、婚礼を再現する回婚礼で締めくくられている。

平生図は、初めは、実在する功臣や高官の一生をモデルとして制作されたが、後には、士大夫の理想的な人生を描いた画題として好まれ、不特定の主人公を想定した平生図も多く描かれた。平生図は、特に多くの両班官僚に好まれ、主に宮廷の画員が制作を受け持った。図の内容も画員画家が制作する既存の一般的な構成にヴァリエーションが加えられ、画面形式も八曲をはじめ、一〇曲屏風、一二曲屏風へと多様化した。特に、一八世紀後半以降は、民間にまで平生図の需要が広がり、さまざまな模本類や類似する作品が量産された。平生図の中には吉祥を表わすモチーフも数多く組み込まれ、朝鮮時代の人々が理想とする人生観や出世観を具体的に表わした絵として、幅広い階層から好まれたのである。

本書で取り上げた「平生図屏風」は、金弘道による「慕堂洪履祥平生図《ぼどうこうりしょうへいせいず》」と各扇の内容や全体の構図、人物と建築表現において細部まで酷似しており、「慕堂洪履祥平生図」の模本であると思われる。金弘道筆「慕堂洪履祥平生図」の第八扇、回婚式の上段には、「辛丑九月士能画亍瓦署直中」の落款と印章があり、金弘道が一七八一年に檀園と号を改める以前、「士能」と称していた辛丑年、すなわち、金弘道が三七歳に制作したものと推測されている（陳準鉉、前掲書）。おそらく本屏風は、当時、すでに評判となった金弘道の「慕堂洪履祥平生図」を模写した、一八世紀後半、もしくは一九世紀初め頃の屏風絵であると判断される。

筆者未詳「四季風俗図屏風」

四季の風俗を季節に沿って二扇ずつ描いた八曲の屏風絵である。現在は八幅の掛軸装に仕立て直されている。四季の風俗を八曲の屏風に仕立てることは、金弘道筆「四季風俗図屏風」（フランス、ギメ美術館蔵）が流行の始まりとされるが、本屏風も金弘道筆「四季風俗図屏風」の形式を倣った模本の一つであると思われる。第五幅に「檀園」と書かれた落款と「金弘道」の朱印が押されているが、金弘道の真筆とは思われない。ギメ美術館本と比べるとやや色彩が粗野で、筆使いも緊張感に欠けており、金弘道の風俗画のもつ権威と名声にあやかった町絵師の模作とみてよかろう。

本屏風の画題と季節の表現は、必ずしも歳時風俗と結びついているわけではないが、図柄は、現実的な四季の趣向が濃密に反映されている。八幅の絵には、街路の芸能、官僚の行列、両班家の女性、畑仕事に励む庶民、そして野宴や妓房の妓女まで、多様な人物像が描かれている。特に、芸能集団による演戯の様子と野外で焼肉の宴会を楽しむ場面は、朝鮮時代の芸能や食文化を伝える貴重な作例として注目される。本書では、第一扇「寺堂演戯」、第七扇「道中逢妓」および第八扇「雪中暖炉」を取り上げる。

筆者未詳「耕織風俗図屏風」

漢陽大学校博物館に所蔵される「耕織風俗図屏風」（以下、「漢陽大学本」と称する）は、四曲一双で、高さ四尺ほどの小型の屏風絵である。絹本に淡彩で描かれ、右隻第一扇の上段に金弘道の落款と印章を有するが、金弘道筆とは断定できない。しかし、小画面でありながらも広々と展開する山水表現と流麗な線描による人物の描写は、技量の優れた絵師による制作であることを窺わせる。

「漢陽大学本」に描かれた風俗表現のなかで特に注目されるのは、農作業に関わる場面である。生業に携わる庶民の姿が絵画の主題となった背景には、中国から流入した耕織図や豳風七月図《ひんぷうしちがつず》の影響が少なくない。本来、耕織図は鑑戒図《かんかいず》として宮廷で重宝されたが、一八世紀以降、風俗画の制作が活発になるにつれ、庶民の日常生活や農作業を描く図様として風俗画に援用された。生業の場面や庶民の生活そのものを実写することの少なかった朝鮮時代の絵画において、耕織図は風俗表現の手本の役割をしたといえる。

「漢陽大学本」のなかにも、「佩文斎耕織図《はいぶんさいこうしょくず》」から借用した図柄が少なくない。糸紡ぎの女、唐竿での脱穀、機織などは、いずれも典型的な耕織図の図柄である。しかし、人物の表現や服装、そして農具などは朝鮮時代のものに変容されている。また、小正月《こしょうがつ》（旧暦一月一五日）の月迎え、碓搗《うすつ》き、摺臼《すりうす》、頭上運搬する女、筵編み、鋤《すき》（カレー）を引いて田を耕す場面、そして子供のゴヌ遊びなどにおいては、「漢陽大学本」の風俗表現は、耕織図の図様からの脱皮が認められる。すなわち、耕織図の図柄が朝鮮時代の風俗に置き換えられているのである。耕織図の需要が高まり、宮廷の鑑戒図から観賞用の世俗画へと移っていく過程で、耕織図は朝鮮王朝の実生活を吸収し、ますます画題が多様化されたのであろう。「漢陽大学本」は、耕織図の構成を借りて朝鮮王朝の生業と歳時風俗を描いた作例であり、その図様は後代の耕織図にも少なくない影響を及ぼすことになる。

I

服飾と装身具が象徴する身分社会——上流社会の風流と妓女

帖」　澗松美術館

申潤福筆「蕙園

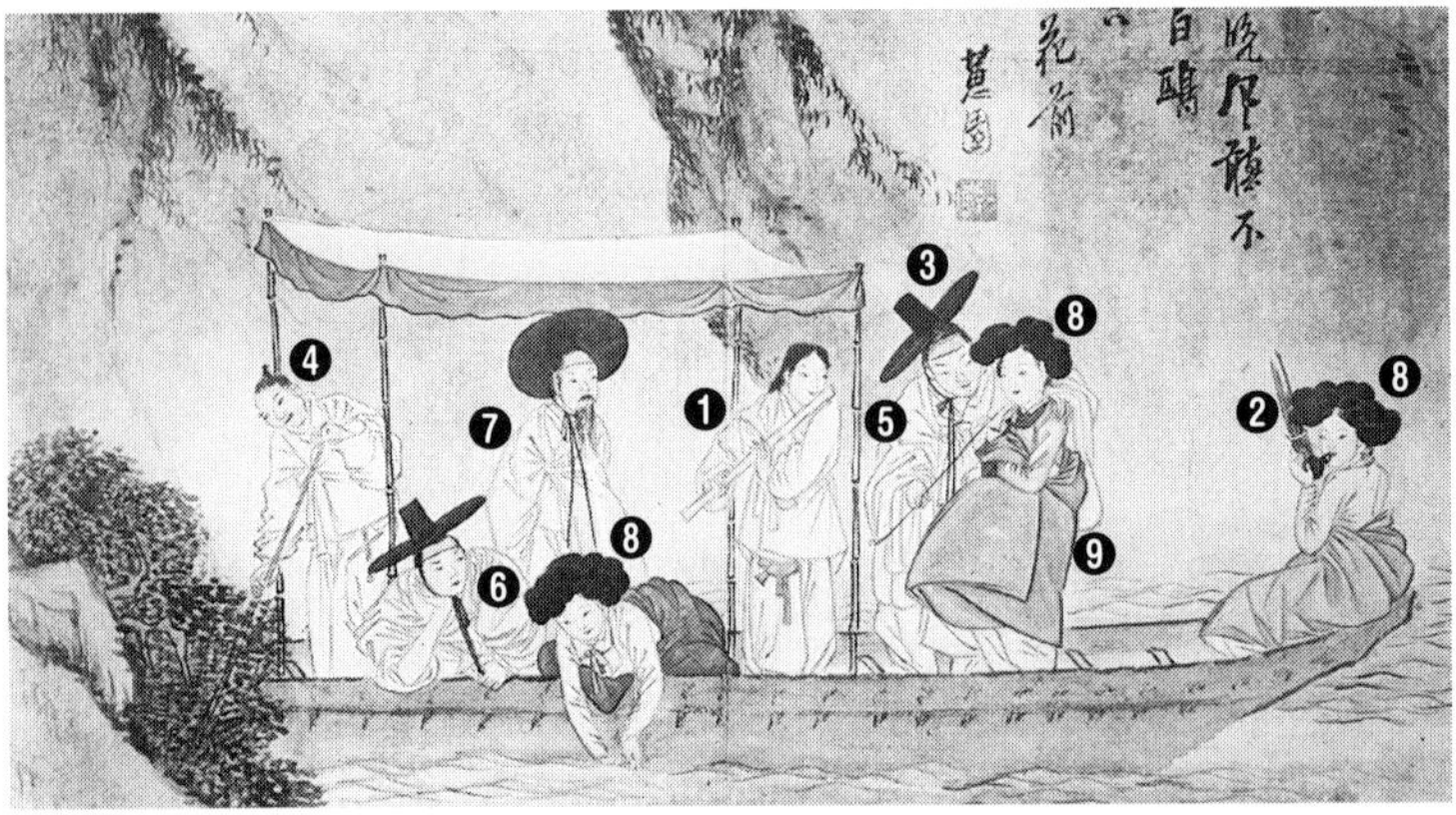

① 船遊の男女

図は、申潤福筆『蕙園傳神帖』のなかの「船遊清江」である。場面は、岸壁が聳える川の一角で舟遊びに耽る男女の姿を描いている。天幕が張ってある船のなかには、男三人と相手役の女が三人、そして船頭一人、楽童一人が描かれる。楽童は横笛を吹いており、一人の女性は、舳先に腰掛け、笙を演奏する（①、②）。女は芸能に長けた楽妓であろう。船の中の男女は戯れているかのようなしぐさであり、ゆったりと風流を楽しむ様子である。朝鮮時代における舟遊びは、上流社会のなかでも最高の風流とされ、士大夫官僚や富豪のみが享受できる権力や富の象徴であった。成俔《せいけん》の『慵斎叢話《ようさいそうわ》』は、両班官僚が楽妓を伴い、船遊をたしなむ様子を、次のように記述する。

「成宗が掌楽院に兼官を置かれた。余が伯仁耆之と共に僉正を兼任し、承文院の任興は直長を兼任した。（中略）

任興の田荘は陽川にあったが、そこに東屋を立てた。月影さわやかな夜に舟に乗り、漢江から祖江の間を、時には上り時には下りながら、任興自ら琴を弾き、声妓が歌で応える遊びをし、見る人はだれもが仙人だと思った。」

陽川は、ソウルの南西、現在の金浦空港に近い木洞周辺である。陽川を通る河川は北流し、漢江に流れていくが、祖江は金浦近くの漢江の下流である。岸壁の立ち並ぶ絶景の漢江を行き来しながら楽器と唱歌の美しい音色を楽しむ船遊は、見る人に仙人であると驚嘆させるほど、風雅溢れるものであった。楽器を演奏しながら美しい自然のなかを遊覧することは、古来中国の高士がたしなむ琴棋書画の四芸が朝鮮時代の士大夫文化のなかに孤高清浄な風流事として享受されたことと無関係ではないだろう。しかし、現実に、船遊は孤高清浄な風流事ではなく、特権階級の富と権力が伴わないと催すことのできない奢侈な遊興であった。

朝鮮王朝の都であった漢陽（今のソウル）の風俗や風物を詠んだ『漢陽歌』のなかにも、舟遊に触れた一節が登場する。憲宗一〇年（一八四四）、漢山居士が著したとされる『漢陽歌』に、漢陽に流行った男の遊びが列挙されている。そのなかに、舟遊びは貢物房の遊びと詠われている。貢物房は、良民が納めるべき年貢を肩代わりして国に納めた後、良民から利息をつけて取り立てる一種の高利貸し業であるが、船遊は貢物房のような富裕な商人の遊びであったことが示唆されている（姜明官『朝鮮の人々、蕙園の絵から歩き出る』、プルン歴史、二〇〇三年）。

図のなかの三人の男は、いずれも黒笠と呼ばれる冠帽をかぶっている。黒笠は、冠礼をした成人男性が髷を結いあげ、額に網巻（マンゴン）と呼ばれる鉢巻をまわして髪の毛を整えた上にかぶる帽子のことを指す（③）。黒笠は、室内外を問わず常に着用するのが礼とされたが、材料の質や形態においては身分により差があった。朝鮮時代の初期には支配階級である両班男性のみに使用が限られたが、後期になると医官、訳官などの中人階級もその着用が許された。中期以降には、両班は上部が細くてつばの広い黒笠を使用し、中人の着用するつばの狭い黒笠と区別した。両班以外の階層が着用する際は、材料のたてがみや縦糸の数に制限が設けられていた。図のなかの三人の男性は、網巻（マンゴン）で端正に髪型を整え、形の細い上部の帽子につばの広い黒笠をかぶっている。半透明に近いつばの部分はやや薄く彩色され、上流社会の男性における気品のある身なりが表わされている。左端に描かれる船頭は、髷を結っているものの、網巻（マンゴン）は使っていない。チョゴリとパッチのみの服装であり、外衣を羽織っていない賤民の姿である（④）。

右側に立つ男は、道袍（ドポ）と呼ばれる外衣を着ている。道袍は、両班がチョゴリとパッチの上にうちかけて着衣するもので、民間の普段着のなかでは最高の礼服であった。袖の幅がゆったりと広く、後ろの中心線は開いているが、その部分を覆う一重の幅がさらに付いているため、全体としてはふっくらと体が包まれているように見える。道袍は、胸の辺りを細条帯と呼ばれる帯で結ぶ（⑤）。船に座り、頬杖をつく姿の男も道袍姿である。色は薄い藍色であるが、青みのかかった道袍は慶事に着用するものであり、平時は白色であった（⑥）。中央に立っている鬚姿の男が着用している外衣は中致莫（ジュンチマク）である（⑦）。袖は、道袍と同じく幅が広いが、前の裾は二枚、後ろは一枚作りで、両脇は開いている。

三人の男を相手する女性たちは、みな妓女である。朝鮮時代に、野外で男と風流遊びができる女性は妓女しかなく、両班家の女性はいうまでもなく、平民の女性にも許されることではなかった。三人の妓女は、編んだ髪を頭の上部で丸くまとめる巻上げ髪をしている。巻上げ髪は、一八世紀後半頃まで続いた既婚女性の一般的髪形であるが、大きく作れば大きいほどおしゃれとされ、女性の間には、身分を問わず、髢《かもじ》を加えた大きな髪型が流行っていた。図のなかの三人の妓女は、いずれも大きく巻き上げた美しい曲線の髪形をしており、奢侈な風流遊びに相応しい様子である（⑧）。

三人とも、袖の狭いチョゴリを着衣している。袖の狭いチョゴリは一八世紀末頃、妓女の間で流行し、両班家や庶民の女性にまで波及したが、図のなかの妓女たちは、当時の最新流行の服装で身を包んでいる。妓女は、下衣のチマの着方で身分を表わさなければいけなかった。両班家や良民の女性はチマの裾を左から右に回すのに対して、妓女はチマの裾を右から左へと回す。服飾は身分を明確に表わすもっとも直接的な手段であった。半回装チョゴリ姿の妓女も藍色のチマを右から左へと回して着用している（⑨）。妓女は、三人の男と共に洗練された都会の男女の姿として描かれ、風流遊びに相応しい雰囲気を演出している。

風流遊びに興を添える重要な役割をするのが楽士（楽工）の奏でる音楽であるが、図の中央には横笛を吹く少年が描かれている（①）。少年は編んだ髪を後ろに垂らし、冠礼前の少年の髪型であるお下げ髪をしている。両班家のなかには、しばしば私有する奴婢のうちから音楽の才能のある者を選び、楽器の演奏や唱歌の腕を磨かせ、私的な饗宴や風流遊びに使ったという。このような少年の楽士は楽童と呼ばれた。服装も、船頭と同じく上衣であるチョゴリと股引のパッチのみの賤民の服装である。

天幕（遮日）の中央に立っている中致莫姿の男は、遠くを眺めている表情であり、妓女に秋波を送る道袍姿の二人の両班とは様子が異なる。服装も、二人の両班が羽織っている道袍に比べると、日常の簡単な出入りに着用する中致莫を着ており、胸辺りで締める帯（細条帯）も白色である。細条帯は官職の位によって色を異にし、堂上官は紅色もしくは紫色を、堂下官は青色もしくは緑色を使い、両班の日常服と庶民の外衣には黒の帯を回した。図のような白い細条帯は喪中に使用する色であった。すなわち、この男は喪中である。儒教の道徳倫理が支配する朝鮮時代において、両班の官僚が妓女と風流を楽しむことは法に逆らうことではなかった。むしろ、妓女は官僚の宴に欠かせない使い物として必ず添えられていた。しかし、妓女を遊びの道具として使うことに禁忌や制約がまったくなかったわけではなかった。なかでも両班士大夫にとって最も厳しく制限されたのが喪中の遊びであった。例えば、李能和の『朝鮮解語花史』には、喪中に妓女と遊び、国から処罰された官僚について次のような記録が挙げられている。

「翰林琴克和は太宗の国喪の時に妓女と私通して廃族の律が適用された。成宗の国喪に全羅監司李克墩が妓女を連れ周り、史官金馹孫がその事実を史草に記したが、このことで恨みをもった。後年、士林が酷禍を被ることになったのは李克墩の仕業である。光海君の時、林健が王命で使臣として西道にゆき、国恤も考えず妓女と遊んで罪を被った（後略）。」

図のなかの白色の細条帯の男が喪中にもかかわらず船遊に出向かなければいけなかったのであれば、男は二人の両班官僚の接待役を務めたのかもしれない。この男は両班ではなく、『漢陽歌』が伝えるような貢物房に喩えられる裕福な商人であろうか。図は、朝鮮時代の上流社会における、私的な船遊の風俗を伝える数少ない作例である。

帖」 澗松美術館

申潤福筆「蕙園

② 音楽のある野の宴

図は、申潤福筆『蕙園傳神帖』のなかの「賞春野興」である。野外で広げられる春の宴を楽しむという意味である。場面は、登場人物らが作る輪を中心にまとめられている。宴の中心は二人の両班男性であり、二人の妓女は彼らの相手役である。彼らの向かい側には三人の楽士（楽工）が音楽を奏でている。成俔の『慵《よう》斎《さい》叢《そう》話《わ》』は、「三人のみが集まっても必ず妓楽を使う」と述べるが、朝鮮時代の上流階級が催す宴は、規模の大小にかかわらず、音楽を演奏する楽工と妓女を伴うのが一般的であった。

　前方にみえる石壇は、池をめぐらす石畳であろう。朝鮮時代には、丘陵や林などの自然をあるがままに庭として楽しみ、人工の池を設ける場合も、周りの自然が作る庭との調和を最大限に生かす作り方が好まれた。庭の池を眺める場所で開かれた私的な小宴であり、図の背景は官庁もしくは両班家の裏庭の一部であると思われる。

画面中央に座り、正面を向いている男が宴の主催者であろう（①）。つばの広い黒笠は紐が解けたままであり、ゆったりとした薄青の道袍は、幅の広い袖がめくられ、左手首が露出されている。両班は身体を露にしないのが礼儀であったことから、男はかなりくつろいでいる姿である。胸辺りで結ぶ細条帯は房が付いている紫色であり、画面左の男が使用する紅色の細条帯と共に堂上官のみが着用できるものである。おそらく二人の両班男性は正三品以上の位の高い官僚であろう。男は竹夫人とよばれる抱き籠に身をもたれ、三人の楽士が奏でる音楽に聞き入っている様子である（①、②）。

両班男性の手前に置かれているのは、長竹と呼ばれる長煙管《ながぎせる》と煙盒（煙草入れ）である（③）。柳得恭の『京都雑志』によれば、「朝官は必ず煙盒を持つ。金属で作り、梅や竹の文様を銀で象嵌した。紫色の鹿皮で紐をつけた」というが、図のなかの煙盒（煙草入れ）も紫色の紐が付いており、おそらく金属製であろう。画面の中央には、小さな取手が付いている火鉢がみえる（④）。春の木々は紅色の花を咲かせており、季節は春と見受けられるが、まだ肌寒いのか、野外での宴には手を温めたり煙草に火をつけたりするために火鉢が必要だったのであろう。画面左に座る横向きの男は客にみえる。薄い藍色の道袍に紅色の細条帯を回し、右手に扇子を持った端正な姿である（②）。藍色の道袍は慶事に着衣するもので、黒笠の紐もきちんと結んでおり、崩れた姿を見せな

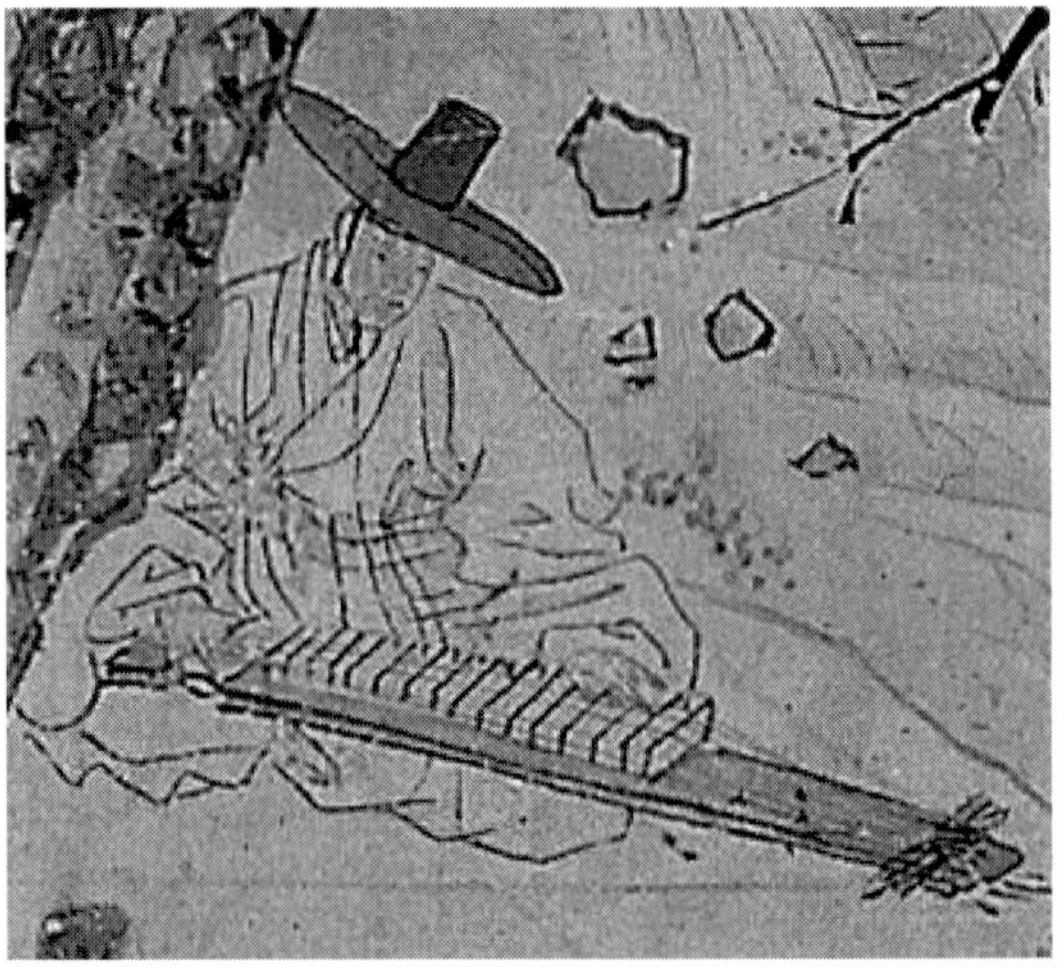

（図1）コムンゴを弾く男　金得臣筆「行旅風俗図」（部分）サンスン美術館リウム

い。二人とも胡坐をかく姿勢であり、朝鮮時代における男性の一般的な座り方である。

小宴の興を盛り上げるのは、三人組の楽士（楽工）が奏でる音楽である。左に座る楽工は大琴と呼ばれる横笛を吹いている⑤。中央の楽工は奚琴《けいきん》を弾いていると思われる。奚琴は二本の弦の内側と外側を弓で擦って音の高低を出す弦楽器である。楽工の左腕越しには奚琴の頭部が見え、右手に弓を持って奚琴を弾いている姿である⑥。右側に座る楽工は、コムンゴ（玄琴）を演奏している⑦。膝の上に載せて演奏する点では伽耶琴《かやきん》と同じであるが、伽耶琴は手で弾き、コムンゴ（玄琴）は撥で弾くのが異なる（図1・2）。楽工の右手は見えないが、板状の琴柱が立て並べられていることから、図のなかの琴はコムンゴ（玄琴）である。妓女のなかに伽耶琴の演奏を特技とする者を琴妓と呼んだが、民間の音楽では伽耶琴は女性が演奏する楽器で、コムンゴ（玄琴）は男性の楽器というイメージがある。コムンゴ（玄琴）の深妙で荘重な音調は「百楽之丈」と呼ばれ、両班士大夫に尊ばれたが、コムンゴ（玄琴）の演奏はおそらく琴棋書画《きんきしょが》の四芸をたしなむ士大夫の風流と認識されていたのであろう。

楽士（楽工）は三人ともに、鉢巻（網巾）に黒笠をかぶり、外衣の小氅衣（ソチャンイ）を着衣している。小氅衣は、袖が狭くて短く、正面と横の裾が開かれている。小氅衣は、士大夫の平常服としても使用されたが、主に庶民が着る外衣であった。楽工の右側に立つ二人の男性も小氅衣を着衣している（⑧）。二人は両班家の雑務を担う下男であろう。

両班の男の間に立膝姿で座っている妓女は、大きな巻上げ髪をしている。そのなかの一人は、長煙管（長竹）を手に持っている（⑨）。『京都雑誌』に、「卑賤な者は尊貴な方の前で恐れ多く煙草を吸えない」と伝えられるが、厳格な儒教倫理が支配し、身分や長幼の区別が厳しく守られていた朝鮮時代に、賤民である妓女が両班の前で喫煙できることは、服飾と共に例外規定が適用されているからである。

（図2）伽耶琴を弾く女　申潤福筆「蕙園傳神帖」（部分）澗松美術館

二人の妓女のなか、右側に座る妓女は半回装チョゴリを着用している（⑩）。チョゴリの袖幅は狭く、丈は短い。朝鮮時代初期のチョゴリは、高麗時代の服飾の名残もあって袖幅

（図３）趙栄祏「麝臍帖」（部分）個人蔵

はゆったりとし、丈も腰の少し上までくる長いものであった。一八世紀初め、趙栄祏による風俗画帖「麝臍帖」のなかに描かれている縫い物をする母子は、丈の長いチョゴリを着ている（図３）。一八世紀半ば頃から短くなったチョゴリの丈は一八世紀後半になるとさらに短くなり、その結果、肌の露出を隠すために帯を回すようになった。儒学者である李徳懋（一七四一―一七九三）はこのような女性服の変化について、「最近の女性の奇妙な服装は袖が細すぎて、腕を曲げると袖が破れそうである」と記し、当時の新しい女性服を批判している。この「奇妙な服装」は妓女から流行り、後には両班家や庶民の間にまで広まったというが、図の中の酒肴を運ぶ下女も丈が短く袖幅の狭いチョゴリを着ている。チマは地面を引きずらないように、たくし上げ腰紐で留めてある。両班家の女性の場合は、歩きやすくするためにチマをたくし上げることもあったが、庶民の女性が労働の際にたくし上げたチマは、特にゴドルチマと呼ばれた⑪。髪形は、既婚女性の一般的な髪形である巻き上げ髪であるが、髢を入れて大きくまとめた妓女の髪型とは、対照的な大きさである。

宴図」国立中央博物館

伝金弘道筆「平壌監

③ 御座舟に乗る平壌監司

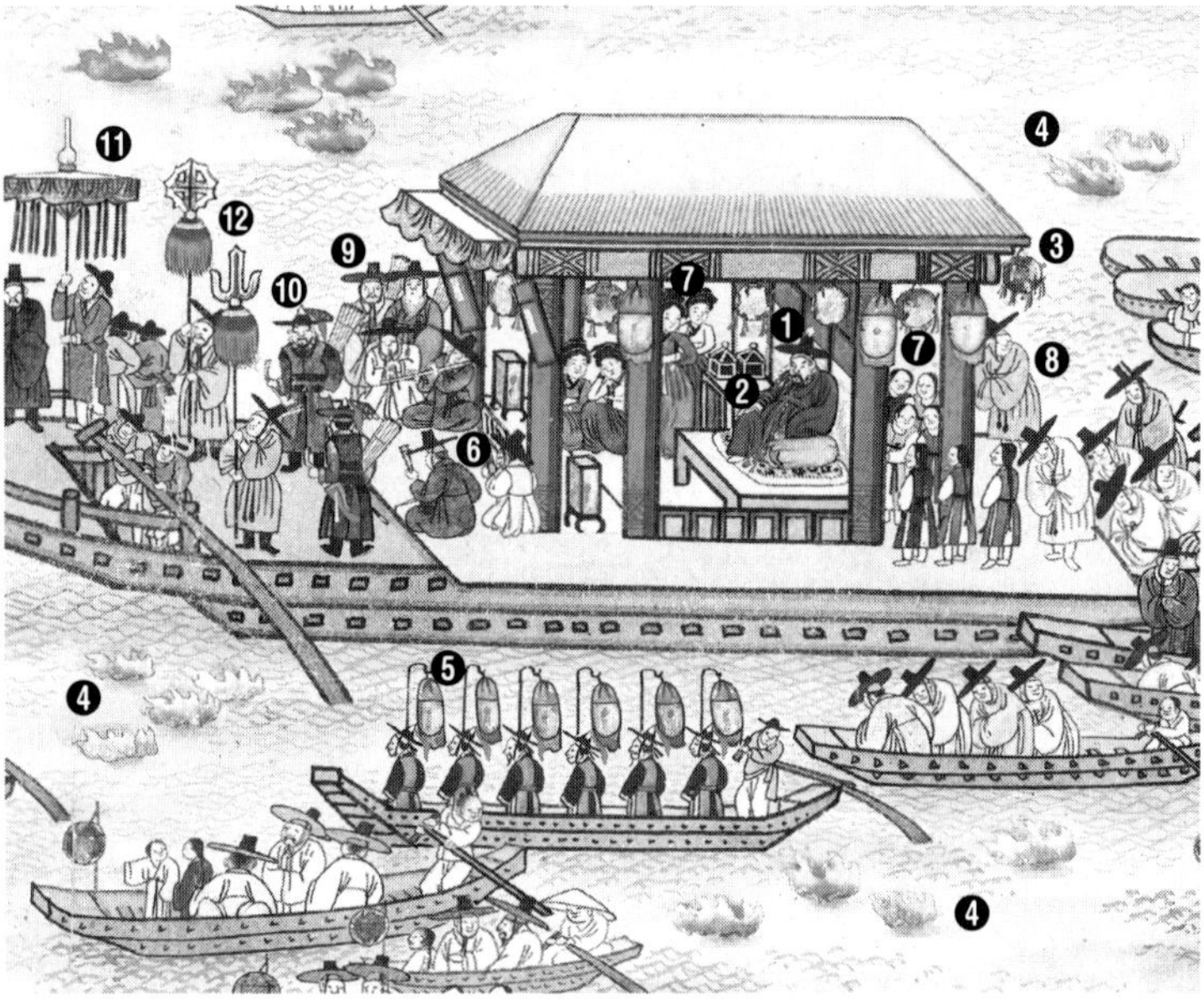

図は、三幅からなる「平壌監司饗宴図」のうち、「月夜船遊」という小題がついている一幅の部分である。画題のとおり、図は平壌城大同門前の大同江で監司の赴任を祝う月夜の饗宴を描く。図には、赴任に伴う随行員と宴会に参列する地方官衙の両班の他に、官衙の下級官吏、宴の興を音楽で盛り上げる楽士（楽工）、官妓、兵卒、武官などが大勢登場する。

平壌は、朝鮮半島の建国神話に登場する最初の国家、古朝鮮の都として、また高句麗（紀元前三七年〜六六八年）の首都として古くから重視されてきた。高麗《こうらい》時代（九一八年〜一三九二年）には、三京の一つとして西京と呼ばれ、由緒ある文化都市でもあった。しかし、徐々に中央から疎遠にされ、穀倉地帯に恵まれた南の三南地方に比べると人口も少なく、一時は辺鄙な地域と認識された。朝鮮王朝の建国後に平壌府が設置され、観察使（監司）が置かれてからは、朝鮮半島の北部における行政や軍事を統括する中心的な都市として機能するようになった。特に、平壌のある平安道は中国と境を接しているので、平壌府の軍事力はどの地方よりも強力であった。平壌監司は兵馬と水軍を統括する節道使を兼任する場合が多かったので、その勢力は地方官僚の中でもっとも強大であった。また、平壌は、中国の外交使臣が通る使行路の中心地でもあり、朝鮮時代中期以降は対中国貿易に従事する商人が通る町として繁栄した。なによりも、平壌は古くから名勝地として名高く、城内外の美しい景観は詩文にも多数詠まれ、画題としてたびたび絵画化された。

平壌が美しくて奢侈な町として名声を高めたのは、平壌教坊の存在であった。教坊とは、漢陽（今のソウル）以外の地方に設置された官妓を管轄する機関で、地方官庁に属していた。平壌教坊には、およそ三〇〇人の妓女が常住していたといわれる。平壌監司は、強力な軍事統率権を持ち、由緒ある景勝地で大勢の官妓を抱える立場にあり、地方監司の中でも「一品監司」と称された。

画面いっぱいに描かれているのは、平壌監司の乗る官船である。船の中央には、庇のれんの付いた屋形がしつらえられ、監司は、一段高く作られた平床の上に座っている（①）。平床の敷物は虎皮が使われ、後部には水墨山水画の屏風が飾られている。監司の右側に置かれている二つの箱は、官印箱（印櫃《いんき》）である（②）。その一つには地方長官として行政を司る監司の官印が、もう一つには兵馬節道使と水軍節道使を統括する軍事責任者の用いる官印が入っているのであろう。監司の服飾は、黒笠の冠帽に、外衣は帖裏《チョルリク》である。黒笠の上部には玉頂子《オクジョンジャ》と呼ばれる飾りをつけ、笠紐も琥珀や瑪瑙などで作った貝纓であり、高級官僚に相応しい豪華な身なりである。帖裏は文官と武官が着用する軍服（戎服《じゅうふく》）であるが、監司は藍色の帖裏を羽織り、堂上官以上の官僚が使用する紅色の幅の広い帯（広多絵《グヮンダフェ》）を締めている。帯の左前に垂らしている巾着のようなものは、割符（兵符）入れである。軍を動員する標として使われる発兵符を入れたものであり、平壌監司が軍を統帥する地位にあることを示している。監司の着る外衣（帖裏）の藍色は、屋形の柱や欄干などに装飾された鮮やかな赤や緑の彩色（丹青）と対比をなし、一層華やかな雰囲気を作り出す。

夜宴の華やかさを演出するもっとも重要な小道具は、提燈や行灯などの明かりである。屋形の周りには丸提燈が下げられ（③）、篝火が江の細波に打たれながら官船の周囲を照らしている（④）。となりあって併漕する小船には兵卒が立ち、提燈を手に持っている（⑤）。提燈は青色の雲紋紗で笠を作り、上下に紅の縁どりをした青紗燈籠である。青紗燈籠は主に宮廷で使われた明かりであるが、民間では、正三品から正二品までの両班官僚の夜の外出に用いられた。正・従一品の官僚は紅紗で作った燈籠を使用したが、従二品の官僚である平壌監司の饗宴には、品階に相応しい青紗燈籠が用いられている。明かりが燈されているなか、監司は長枕にもたれかかり、片膝を立てて深く腰掛けており、いかにも権力の中心部にある高級官僚らしい風姿である。

両班官僚の享楽に欠かせないのが音楽と歌舞であろう。饗宴図という主題ともっとも密接な関係を持つ登場人物は、楽士（楽工）と妓女である。監司の前方に、四人の楽士（楽工）が音楽を演奏している。監司の前方右側の楽士（楽工）は横笛（大琴）と縦笛を、左側には笙と奚琴を演奏する楽士（楽工）が座る⑥。太鼓、杖鼓といった打楽器は抜けている。

監司の右側に控える四人の女性は、妓女である。監司の赴任祝賀宴に仕える妓女に相応しく、三回装チョゴリ姿の豪華な服装で着飾っている。四人の妓女は、巻き上げ髪にカリマ（加里磨）と呼ばれる四角い被り物を被っている⑦。朝鮮時代の妓女は、基本的に、宮廷や官庁に属していた官妓であったが、その種類は細分化されていた。妓女は、宮廷に常住する掌楽院女妓と地方教坊に属する外方女妓に別れていた。地方教坊のなかでは平壌教坊の名声がもっとも高く、およそ三〇〇人の妓女が常住していたと言われる。官妓は音楽や演舞のみではなく、妻を帯同せず辺境に赴いた軍人や地方官僚の伽をするのも重要な役割とされた。

掌楽院や教坊の妓女が足りない場合は医女や針線婢が呼び寄せられた。その状況ついて、柳得恭が著した『京都雑誌』には、次のように記述する。

「内医院と恵民署に医女がある。工曹と尚衣院には針線婢がある。みな関東地方や三南地方から選ばれた妓女である。宴会が開かれると妓女（内医院と恵民署の医女および工曹と尚衣院の針線婢）を呼び、歌舞をさせた。内医院の医女は黒の絹で作った加里磨を頭に被り、他は黒い布の加里磨を被った。加里磨は被り物との意味で、その格好は便箋の封筒のようで頭を覆う。」

（図4）加里磨を被った妓女「平壌監司饗宴図」（部分）国立中央博物館

官船のなかの妓女が被っているのは、『京都雑誌』が述べている封筒形の黒い加里磨である（図4）。医女は、女性の疾病を診療するために医術を習った官奴、すなわち公賤であった。医女制度は、男女の区別を厳しく統制する儒教倫理の影響で、男性の医師による診療を拒む婦女が増えたことから設けられたのであるが、医女のなかには医学や薬学に関する知識の足りない者が多かったので、実際は看病を中心とした医局での下働きが主な仕事であった。医女たちが担った仕事の一つが、宴会で唱歌や演舞などをする妓女の役割であった。針線婢は宮廷で衣服作りの縫い物をする奴婢であったが、妓女として宴に動員された。図のなかに妓女が被っている加里磨は、漢陽の官妓であることを示しているのであろう。妓女たちは、平壌監司の赴任に漢陽から御供したのであろうか。

監司の後ろには、少年の官奴（通引）と体を屈めて畏まるしぐさの下級役人（衙前）が控えている（⑦、⑧）。官奴は公賎の侍童で、官吏に付いて身の回りの世話をする少年のことである（⑦）。当時は通引と呼ばれた。髪型は、編んだ髪を後ろに垂らすお下げ髪で、冠礼前の少年の一般的な髪型をしている。白のチョゴリとパッチに、快子と呼ばれた戦服のような外衣を羽織っている。

笛を吹く楽士の後ろに立っている二人は、監司に随行する武官である。帖裏を着用し、黒笠を被っている。矢筒を背負い、黒笠の帽子部分の左右には羽毛飾り（虎鬚《ホス》）を付けており、当時、裨将と呼ばれた随行員の格好である（⑨）。楽士（楽工）の前には、護衛に当たる二人の武官（将校）が立つ（⑩）。孔雀尾の飾りをつけた帽子を被り、狭袖の軍服（ドンダリ）の上に号衣を着衣している。左手は箙《えびら》に置き、右肩からは矢筒《やづつ》が見える。監司の護衛役に相応しい姿である。

舳先に立つ兵卒は、日傘を支えている。流蘇《ユソ》と呼ばれる傘飾りが付いており、白に青色を配色した日傘は、地方に赴任する官僚が使用するものである（⑪）。都の漢陽から赴任地に赴く間にかざしたものであろう。その後ろに立つ二人の軍卒が掲げるのは、纛《ドク》という儀仗であり、水軍兵馬節道使と統括する平壌監司の行列を象徴するものである（⑫）。

月夜の大同江で広げられる監司の夜宴は、奢侈の度を極める享楽に映る。平壌監司は派遣された地方で善政を敷くべき立場にあるが、図のように華やかな赴任の饗宴を披露するのは、今が太平の御世であることを示したかったのであろう。士大夫官僚の支配的価値観が読み取れる場面である。

帖」澗松美術館

申潤福筆「蕙園

④　夜道を行く男と女

図は申潤福筆『蕙園傳神帖』のなかの「夜禁冒行」である。図の中には、夜道を歩く男女三人と道案内役の少年が描かれている。背景の空には三日月が描かれ、場面の設定が深夜であることを暗示している。従者の少年は、行灯を照らし、道案内をしている。男女が夜道を歩くのは、どうも怪しい。長煙管《ながぎせる》（長竹）をくわえている女性は素人女ではなく、妓女であろう（①）。髪は髢をふんだんに使い、大きな巻き上げ髪をしている。袖幅の狭い半回装チョゴリに藍色のチマを穿いており、洒落た身なりである。半回装チョゴリは、袖先、襟、結び紐（ゴルム）に異なる色の生地で飾るチョゴリのことで、民間婦女の礼服であ

る。袖先、襟、結び紐（ゴルム）のみではなく、わき下も紫色や藍色で装飾したチョゴリを三回装チョゴリというが、特に藍色のチマと着る半回装チョゴリや三回装チョゴリは両班家の女性のみが着用できる最高の礼服とされた。図のなかの妓女は、華麗な藍色のチマに半回装チョゴリで身をまとっている。妓女は、民間の女性が守るべき奢侈を禁ぜる条項の例外規定が適用され、両班家の婦女と同じように三回装や半回装チョゴリを着用することができた。その代わりに、賤民である妓女はチマの裾を右から左へと回し、右端の裾を左端に重ねるように着衣しなければならなかった。図の中の女性は、チマの裾は胸辺りまで高くたくし上げ、腰帯で留めている。このようなチマの着衣方はジュリッテチマと呼ばれ、庶民の女性が働きやすくするためにたくし上げたゴドルチマと区別された。ジュリッテは刑罰に用いられた朱塗りの棒を指す言葉で、たくし上げたチマがジュリッテのように細く見えることから名付けられたとされる。素人女からは、「ジュリッテで刑罰を受けるべき女」という、妓女を軽蔑する意味合いで呼ばれたとも言われる。たくしあげるチマの着衣方は、意図的に下着をみせるためであった。妓女は下着を幾重にも重ね、下着のパッチはますます豪奢なものになり、高級な絹で作られた。図のなかの妓女も裾を引き上げて、チマの下から、ダンソッゴッと呼ばれる幅の広い下着のパッチと刺し縫いソッパッチを重ね着しているのがみえる。

背景の草屋根は、雪が積もった様子を示しており、季節は冬である。女性は、チョゴリの袖に長い腕貫をしている（②）。腕貫は、肘のあたりまで届いており、かなり長い。縁から覗かれる裏地は毛皮のようである。朝鮮時代の服装には、特に外套のような冬着はなかった。男女共に防寒具や防寒帽などを利用することで寒さを凌いだ。妓女の穿いたソッパッチも刺し縫いであり、防寒用であることがわかる。妓女の右前を歩く従者の少年は、チョゴリとパッチの姿である（③）。冬であっても、賤民は、道袍や中致莫のような外衣を羽織ることは許されなかったので、上衣はチョゴリのみである。右腕で抱えているのは、揮項《フィファン》と呼ばれる男性用の暖帽である（④）。揮項は、頭から被り、首と頬を覆う防寒帽である。てっぺんの部分は開いて、頭の後ろに長く垂れる形をし、左右に付いている紐で結ぶ。身分の高い人は黒い貂（てん）の皮で作ったものを用い、一般的には褐色のイタチの皮が使われた。図の中の揮項は黒色であり、両班の男が着用するものであろう。

妓女の横を歩く男は、両班の普段着である中致莫を羽織っている（⑤）。幅の広い中致莫の袖からは、妓女と同じく防寒用の腕貫が覗いてみえる。つばの広い黒笠をかぶり、笠紐を長く垂らしている。淡紅色の刺し縫いチョゴリに香袋をつけ、パッチは裾紐（デニム）で整えており、身なりにかなり気を使った格好である。

その隣に立つ、鮮やかな紅衣と草笠の姿の男は、別監と呼ばれる下級官吏である（⑥）。草笠には、武官の正装時に付ける羽毛飾り（虎鬚）が外されており、羽毛飾りを挿すための細い筒（烏銅笠飾）のみがみえる（⑦）。頭からナムバウィという防寒帽をかぶり、その上に草笠を被っている（⑧）。紅衣の下に、藍色、桃色、白色の氅衣《チャンイ》を重ね着して、開いた外衣の裾からは淡紅色の刺し縫いチョゴリと数具の巾着が覗かれる。香袋もあれば、煙草入れも合わせ持っているのであろう。持ち物や服飾が色鮮やかで、派手な身なりである。別監は宮廷の各殿閣で雑務を担当する下級官吏で、民間でいう下男のように、宮廷の雑役をこなした。宮殿で使われる用品を管理し、設備を設置するなど、肉体労働に近い雑事も多かった（姜明官、前掲書）。身分は低いが、仕事柄、国王や高級官僚に直接謁見する機会もあり、実際は威勢があった。図のなかの別監は、両班の男に話しかけるしぐさであり、両班男は了解との意味なのか、黒笠の縁を触りながら軽く頭をさげている。

李能和の『朝鮮解語花史』によれば、妓女には後ろたてをする妓夫を持つ者もあり、妓夫が妓女の衣食住の世話をしたという。朝鮮時代の初期には、官妓は妓夫を立てることが禁じられていたが、中期以降になると制度が緩み、妓夫を持った妓女は増えていった。妓夫は四處所とも呼ばれたが、それは、官妓の妓夫になれる者は、宮廷の各殿に属する別監、罪人を扱う下級役人（捕盗軍官）、宮家姻戚の使用人及び下級軍官だったからである。妓夫のなかには特に大殿の別監が多かった。妓夫は、地方から妓女を上京させ、宴会に動員することもあれば、少女を集めて妓女に育てることもした。また、妓夫の斡旋があれば、医女や針線婢のような官妓も、宮殿の仕事から引き下がった後に、私的な宴席に呼び出されていた。そのような妓女を両房というが、両房は、医女である薬房妓女と針線婢である尚房妓女を指す意味である。図のなかの別監も妓夫であろう。

朝鮮時代に、女性が外出する時には、身分の高低や昼夜を問わず、必ずかつぎで顔を覆い隠した。図の妓女は、かつぎで顔を隠すこともなく、堂々とした表情をさらけ出し、従者が照らす道の前方に視線を向けている。何処へ向かうのか、夜道に慣れている表情である。両班の男と共に、別監の設定した遊びの場に向かっているのであろう。夜の遊興を暗示する場面である。

筆者未詳「四季風俗図屏風」国立中央博物館

⑤　冬の街角

図は、「四季風俗図屏風」の一扇で、町を歩く妓女の一行を描いた場面である。三人の妓女はジョンモ（氈帽《せんぼう》）と呼ばれる笠の下にカリマ（加里磨）を被っていることから、官妓であると思われる。ジョンモ（氈帽）は、竹で作った骨に、油を塗った上質の紙を貼った笠で、雨の日や日除けに使われた（①）。主に妓女が外出時に使っていたため、俗に「妓女笠」とも呼ばれた。妓女笠は、華麗な絵や文様などで装飾を施したものがよく使われたが、図の中のジョンモ（氈帽）は、文様のない単色である。庶民の婦女は、雨や日除けの目的の他に、外出時に顔を隠すためにも笠を使ったが、竹糸や葦で編み上げたものが多かった。朝鮮時代の女性は、外出時にかつぎで顔を隠さなければならなかったが、

（図5）婦女笠　申潤福筆
「蕙園傳神帖」（部分）澗松美術館

（図6）婦女笠　二〇世紀初め

庶民婦女の間では、かつぎの代わりに笠も利用した。庶民の婦女が用いた笠は、他人から顔が見られないように、顔がすっぽり隠れるほど深くてつばの広いものが使われていたが、それを「婦女笠」と呼び、「妓女笠」のジョンモ（氈帽）と区別した。かつぎの代わりに被ったつばの広い笠は申潤福筆『蕙園傳神帖』にも描かれている。白のミンチョゴリに白のチマを左から回して着用しているので賤民ではない（図5）。このような婦女笠は二〇世紀の初め頃まで女性の外出用に用いられていた（図6）。

三人の妓女が会釈をしている男は、藍色の外衣（帖裏）を着ている（②）。帖裏は上衣と下裳がつながっており、袖幅の広い軍服（戎服）である。朝鮮時代後期の純祖年間（一八〇〇〜一八三四）には、文官、武官共に平常服としても帖裏を着衣した。軍服（戎服）として帖裏を着衣する場合は、木靴を履くのが通例である。図の中の男は、藍色の帖裏に皮履を履いていることから、平常服の姿であると思われる。男の手には、女性の前で顔を隠すために使われた遮面扇が見える（③）。遮面扇を外し、妓女の会釈に応えている様子から、面識のある間柄であると思われる。官僚は、登庁もしくは退庁する際に、位によって種類は異なるものの、輦台や輿などの乗り物を利用するのが慣例である。男は、外衣の帖裏を羽織り、堂上官以上の官僚が着用する紅色の帯（広多絵）を締めているので、位の高い官僚であると思われるが、徒歩で道を行くのであれば、ごく私的な場所に向かっているのであろう。

妓女一行の後ろに立つ少年は、妓女が従える従者であろう。耳まで覆う防寒帽（風遮）を被り（④）、赤色の風呂敷包みを持っている。元服する前の髪型であるお下げ髪をし、その髪先はデンギと呼ばれる先飾りで留めている（⑤）。腰にぶら下げている巾着も鮮やかな色であり、身なりはかなり派手である。官衙の教坊に属し、妓女に仕える従者ならではの贅沢である。

道を行く人々は、妓女一行が帖裏姿の男に出逢う光景を珍しげに見つめている。派手な身なりが注目を集めているのであろう。画面左に見える頭巾をしている男も、妓女の方へ視線を送っている。男の被る頭巾は、帽裙と呼ばれるもので、日除けや風を防ぐために笠の後ろに付けて使用された（⑥）。垣根越しにも婦女がこの光景を覗いている。女は、三回装チョゴリを着用し、チマは裾を左から右へと回して着衣しており、両班家の婦女であろう（⑦）。髪型も、妓女たちが巻上げ髪をしているのに対して、覗くしぐさの女は、後ろに髷のように結い束ねて簪を挿して固定した髷髪（後髻《こうけい》）をしている。正祖一二年（一七八三）、髢を加えて作る巻上げ髪が婦女の奢侈弊害とされ、禁じられたときに、新たに奨励された髪型が髷髪（後髻）である。それ以降に一般的な既婚女性の髪形となった。三回装チョゴリ姿の女は後髻の髪型を、妓女は巻上げ髪をしているのも、良い対照を成す。また、三人の妓女は、チマを胸辺りまで高くたくし上げ、帯で留めたジュリッテチマをしており、両班の女性が着るチマと着衣方が異なる。図には、身分の差を際立たせる服飾の表現が明確に表わされている。

朝鮮時代の服装には、冬の寒さに合わせた特別な冬着はなく、風遮、ナムバウィ、揮項などのような暖帽や帽裙のような防風具を使うことで寒さを凌いだ。妓女は、ナムバウィで頭と首を覆い、その上に官妓の身分を表わすカリマ（加里磨）を被って、さらにジョンモ（氈帽）を被った姿である。藍帖裏の男も、黒笠の下に揮項と呼ばれる防寒帽を着用しており、場面は、妓女一行の外出に、好奇心に満ちた町の人々の視線が注がれている、冬のひと時である。

筆者未詳「平生図屏風」国立中央博物館

Ⅱ　結婚習俗と女性の生活

① 嫁迎えの行列

士大夫男性の通過儀礼を描いた「平生図」のうち、嫁迎え（親迎）の行列を描いた場面である。親迎は、新郎の醮行《しょうこう》または初行ともいい、婚礼の当日、新郎が新婦を迎えに新婦の家に向かうことである。朝鮮時代に制作された婚礼図には一九世紀末に至るまで花嫁を描いた図はなく、新郎のみが登場する親迎図がほとんどである。新郎は、親迎に出発する前に婚礼を行うことを祖先に告げ、婚礼式が行われる新婦の家に向かう。図の実際のモデルになったのは、正一品の左議政の位まで上がった洪履祥《こうりしょう》（一五四九—一六一五）とされる。名門の両班家の婚姻儀礼であるだけに、親迎の行列は華やかである。正祖

時代の実学者である柳得恭が著した『京都雑誌』に、婚姻儀礼について次のような記述がある。

「新郎は白い馬に乗り、紫色の団領を着て、犀帯を回し、羽のような角の付いた紗帽をかぶる。行列の前には、四本の青紗燈籠を並べ立てる。雁夫は、朱笠をかぶり、黒の団領を着て、雁を支えもってゆっくりと歩く。官衙の羅卒を借りて護衛させ、町を練り歩く。」

新郎の服飾は、官僚服である団領に、礼帽にあたる紗帽をかぶる（①）。『京都雑誌』が伝えるように、団領は紫色である。このような新郎の婚礼服は「紗帽冠帯《しゃぼうかんたい》」といい、新郎を象徴する言葉となった。厳格な身分社会であった朝鮮時代に、服飾による身分の区別は厳しく守られていたが、平民であっても婚礼の日には「紗帽冠帯」という両班官僚の服飾が許された。『京都雑誌』に、新郎は白い馬に乗ると記されているが、図のなかの新郎も「紗帽冠帯」を揃えて白馬に乗り、木靴と呼ばれる鹿皮履を履いて、手には笏を持った官僚の姿である。

親迎の行列には、二双の青紗燈籠を持った四人の羅卒と、その後ろに雁を抱える雁夫と呼ばれる男が新郎の前を歩いている。婚礼に使われる青紗燈籠は、青い薄絹の包みの上部に赤の紗を当て、なかに蝋燭を燈した提燈である（②）。本来は宮廷で使われていたもので、民間では正二品以上の位の高い官僚のみにその使用が許されていた。しかし、婚礼の時は、身分の高低にかかわらず、誰もが使用できたので、青紗燈籠は婚礼を意味するようになった。婚礼に提燈が用いられることは中国の婚礼儀式の影響もあったのであろう。古代中国では、婚礼は「昏に行う礼」の意味があり、嫁迎えに提燈が飾られるのは「昏に行う礼」に由来するという。昼間に行われる婚礼に提燈持ちが同行するのは、「昏に行う礼」の影響もあると考えられる。

提燈の行列の後ろには、雁を手に持った雁夫と呼ばれる男が続く（③）。雁夫は、朱笠を被り、団領を着用して、朱色の包みに包まれた雁を抱えている。雁は、婚礼儀式のなかの奠雁之礼に、新郎によって新婦の婚主（父親）に捧げられる。雁は一度結ばれると添い遂げ、死に別れても新しい連れを迎え入れないと言われ、新婦に対する新郎の変らない誓約を象徴する。本来は生きた雁が用いられたが、徐々に木彫りの彩色木雁に代えられていった。

新郎周辺には日傘持ちと馬丁、世話人などが付き添い、先頭には同行人が行列を導く。同行人は、新郎の家を代表して祖父か父親、もしくは伯父が務めるが、これを上客という（④）。新郎の両側に立つ四人は後行といい、新郎の兄弟や近親が務めるのが一般的である（⑤）。先頭の同行人のなかに、二人は高官の堂上官が着衣する桃紅色の外衣（道袍）を着ており、後行の四人も両班の着る青みのかかった道袍姿である。上客、後行人ともに、上流社会を示す服飾で身なりを整えており、四本も掲げた青紗燈籠の数からも図の親迎は上流社会の婚礼であることが窺える。

金弘道筆『檀園風俗画帖』にも、同じく親迎の行列を描いた図がある（図7）。新郎は、紗帽冠帯をし、手に笏を持った朝官の姿である。雁夫と一双の青紗燈籠を伴う行列であるが、上客や後行人といった同行人は描かれていない。先頭は、青紗燈籠を掲げる二人の男が立ち、行列を導いている。その中の一人は、『京都雑誌』が語るように、官衙の羅卒の格好であるが、もう一人は裸足の少年である。雁夫は団領を着用し、黒笠を被っている。抱えている雁は、嘴が縛られており、生きた雁のようである。『京都雑誌』の風俗編「馬に乗るひとは、右側に馬丁を立たせる。堂上官は、左側に馬を牽く人を歩かせるが、その引き綱は長くてやわらかい」と記述されているが、図のなかの馬丁は新郎の右側におり、「平生図」の嫁迎えにみる馬丁の位置と異なっている。

（図７）金弘道筆「檀園風俗画帖」国立中央博物館

馬に乗り、新郎の後ろについていく女性は、新郎側が親迎に同行させた世話人であろう⑥。裕福な家門では新郎の乳母が務めるが、その他は親族の女性が同行し、新郎の世話をする。日本の添い嫁は、嫁方が立てるのが一般的で、しかも、世話をするのは嫁であり、新郎ではない。この相違は注目される。

帖」澗松美術館

申潤福筆「蕙園

② 裏庭の女と性差による住居空間

中潤福筆『蕙園傳神帖』の一図である。瓦葺の築地塀に囲まれている邸宅の中に、二人の女が横ばいの老松に腰掛けている。一人の女は、巻上げ髪をして（①）素服を着衣していることから喪中の寡婦であり（②）、その傍らの女は小間使いであろう。お下げ髪をした未婚の少女で、働きやすいように、チマはたくし上げて胸辺りで留めた姿である（③）。興味深い事に、喪服姿の女は、交尾する犬を眺めながら微笑みを浮かべているのである。それを見つめている小間使いの少女は、寡婦のチマを握り締めて驚いているしぐさである。

　朝鮮時代には男女の間の区別が徹底しており、住居空間においても男女の生活空間が分けられていた。内室のある棟は女性と家族が暮す住居空間であり、出居のある棟は男性の空間である。家のなかは、「内外塀」と呼ばれる塀で男女の生活空間が仕切られ、その間は中門でつながっていた。家の出入り口である大門は、さらにその外側に設けられていた。裕福でない家庭においても小さい内外壁を男女の空間に配置して象徴的な塀に見立てるなど、生活空間は性差によって厳しく仕切られていたのである。両班の女性は近親以外の男性との往来や接触が禁じられ、中門のなかでは、特別な用のない限り、昼間にも庭を歩いてはいけなかった。両班家の婦女は芝居や雑戯を観ることはいうまでもなく、寺院への参拝すらも禁じられていた。いずれも、男性と接触する機会を遮断するのがその理由であった。そのことから、女性は外出をする時には、垂れ衣などで顔と体を隠すことが求められた。中門を出ることになった場合には四面が遮断された輿に乗るか、馬やロバに乗る時は羅兀（ナオル）と呼ばれた帛の垂衣で顔と上半身を覆い隠した。徒歩の場合も被衣で体をすっぽり覆うようにし、身体の露出を極端に避けた。図のなかの女性は、内外塀で仕切られた中門のなかの空間に身を置いているのであろう。塀は瓦葺であることから、裕福な上流社会の寡婦であると推測される。

朝鮮時代の儒教倫理は女性の生活と行動を細かく規定し、制限していたが、なかでも、婦女が守るべき美徳の一つとして推奨されたのが、寡婦の再婚を禁じることであった。両班家の寡婦が再婚した場合は社会から厳しい視線にさらされるのみではなく、その子孫にも制裁が加えられた。再婚した寡婦の子孫や寡婦を娶った両班家の子孫は科挙試験を受ける資格も与えられなかったばかりか、官僚に登用されなかった。両班家の女性は、子孫のためにも、貞操を守る道を選択せざるをえなかったのである。

しかし、再婚が厳しく禁止されたのは両班家の女性のみであり、庶民の女性の再婚に対しては意外と寛大であった。村に情の通じた寡婦がいると、求婚する男は村人と共謀し、夜中に寡婦を連れだして嫁にするという習俗があった。村共同で使用する搗き屋などで寡婦と一夜を過ごし、村人から再婚を認めてもらうのが庶民の再婚儀式であったが、官の制裁はまったくなかった。寡婦になった娘を持った家はおおっぴらに再嫁させるわけにはいかないので、近隣には娘を盗まれたと大声でわめき、再婚の事実を認めさせたという。

高麗時代（九一八―一三九二）までは女性の生活は自由で開放的であった。男女の交際や恋愛結婚に大きな制約もなく、女性の再婚や三嫁も普通に行われた。そのような風潮は、民間の女性のみではなく王室まで及び、高麗時代には再婚した王妃も少なくなかった。寡婦の再嫁が禁じられたのは朝鮮王朝になってからである。高麗時代には自由であった女性の生活と寛大だった性モラルは、朝鮮王朝がかかげた抑仏揚儒策《よくぶつようじゅさく》とともに消えていった。揚儒は朱子学の奨励であり、その基本になる道徳倫理は三綱五常の実践であった。その中でも女性を拘束したのは「女不事二夫」であった。再嫁禁止は、成宗一六年（一四八五）に、朝鮮王朝の基本法典である経国大典《けいこくたいてん》に成文化され、徐々に通例化されていた。両班家の婦女は若くして寡婦になっても再婚が許されなかったが、男性の再婚にはそれほど制約がなかった。両班男性が妻を亡くした場合は、三年後という制約はあったものの、両班家の婦女にかけられた再嫁不可の枷はなかった。婦女の再嫁禁止は家系継承において純粋な血統を維持したい両班士大夫社会の願望に過ぎなかったが、女性を厳しく統制する法令として、朝鮮王朝の末期まで維持された（鄭ソンヒ『朝鮮の性風俗』図書出版ガラム、一九九八年）。

図は、『蕙園傳神帖』の一図であり、「嫠婦賞春」と小題が付いている。喪中の寡婦が中門に囲まれ、遮断された空間で春を楽しむという内容である。幽閉されているのと変わらない日々を過ごす寡婦が交尾する動物を眺めているという場面設定は、貞操を美徳とする儒教道徳の矛盾を表わすものであろう。

帖」澗松美術館

申潤福筆「蕙園

③ 女性の沐浴空間と胸をさらけ出す女

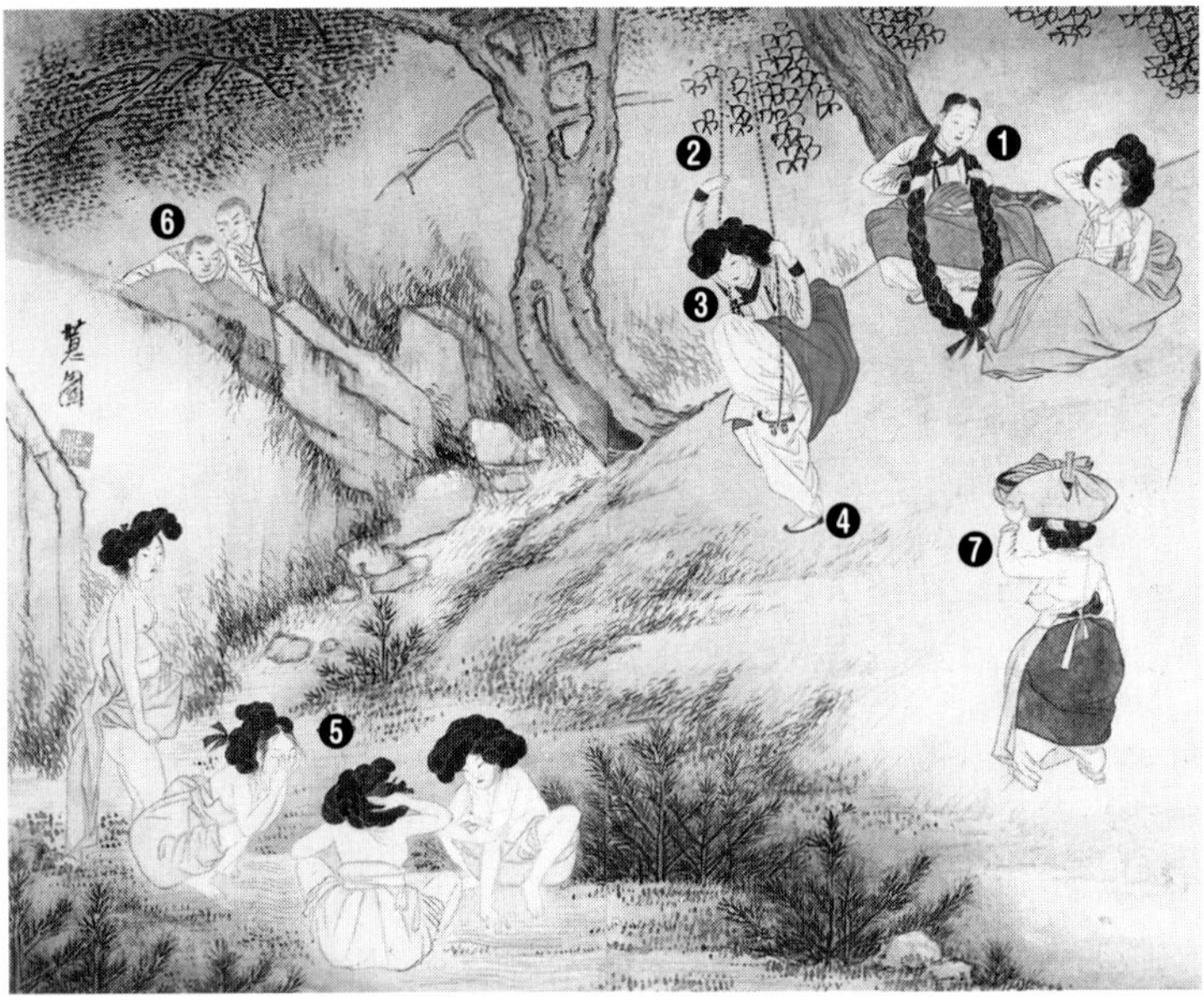

清流のほとりで沐浴をする女たちを描いた申潤福筆『蕙園傳神帖』の一図である。画面左に四人の女性が上半身を裸にして体を洗っている。渓流の右側には、二人の女性が木の下に座っている。半回装チョゴリに藍色のチマを着衣した女は、木の幹にもたれかかり、編み終えた長い髪を両手で持っている（①）。二束に分けて編んだ髪の先は紫色の飾り（デンギ）で結ばれており、これから頭の上に巻上げようとしているところなのか。

鮮やかなチマチョゴリ姿の女は鞦韆《しゅうせん》（ブランコ）に乗ろうとしている（②）。板に片足を乗せ、垂れ下がった綱を両手で握るしぐさは、いかにも艶やかである。額を覆うほど大きく巻上げた髪は流れるような曲線を描き、たくし上げた紅色のチマの中からはパッチが覗かれる。チョゴリは、袖先、襟、結び紐（ゴルム）、そしてわき下がチョゴリの生地と異なる紫色で装飾した三回装チョゴリであり、華麗な服装で身をまとっている（③）。両班家の婦人以外で三回装チョゴリを自由に着用できたのは妓女のみであった。履物も唐鞋と呼ばれる皮履を履いているのであろう（④）。

渓流の左側は体を洗う半裸の女たちを描く。上半身を裸にし、チマは着衣したままであるが、裾はたくし上げられ、尻や太腿までも露出されている（⑤）。その女性たちの沐浴空間を盗み見する坊主頭の男たちが岩の向こう側から描かれており、この巧みな配置は鑑賞者の遊び心を刺激している（⑥）。渓流での沐浴は、両班家の婦女には許されることではなかったので、鞦韆に乗る女も沐浴をする女たちもみな妓女であると思われる。

柳得恭（一七四九―没年未詳）の著した『京都雑誌』の端午節に、「女たちが朱色と緑色の布で新調した服を着て、菖蒲湯で顔を洗い、（中略）巷には婦女たちが秋千戯（ブランコ遊び）を盛んにやる」と述べられている。洪錫謨の『東国歳時記』（一八四九）も、「宮中では寒食になると、競って鞦韆を吊り下げるが、それを半仙戯という。今日の風俗では、（ブランコ跳びは）端午節に移った」と伝えており、ブランコに乗る女と渓流で体を洗う女たちの姿は五月の端午節を連想させる。図に「端午風情」という小題が付いているのもその理由からであろう。

体を露出し沐浴する女性のエロティックな表現に呼応するかのように、画面右下にさりげなく描かれた物を運ぶ女も胸をさらけ出す姿である（7）。チョゴリの下から見える胸は乳首まで鮮明に描かれている。当て布の装飾のない白のミンチョゴリを着衣し、ゴドルチマと呼ばれたたくし上げられたチマには長い前掛けをしている。下女か、身分の低い婦女であろう。頭上には風呂敷包みを載せ、左手で支えながら運んでおり、裾の短いチョゴリからは胸がさらけ出されて見える。しかし、この胸をさらけだす姿は、画面全体に溢れる艶やかな女性の表現ではなく、働く既婚女性のごく普通の姿である。

前述したように、朝鮮時代の女性の服装は一八世紀末を境に大きく変化した。『蕙園傳神帖』が制作された一八世紀後半には、チョゴリの袖幅が狭く、丈が胸辺りまで上がる形態が一般化していた。そのため、腰帯と呼ばれる帯で胸を縛り付け、裾の短いチョゴリから露出される胸を隠さなければならなかった。この腰帯の着用は働く女性には甚だ非実用的なものであった。特に、授乳する子どもを持つ女性にはいうまでもない。授乳のたびに帯を解き、授乳が終わると再び帯を縛り付けることは、日常的な家事労働のみではなく生業労働まで担わなければならなかった庶民の女性には極めて不便なことであった。このような女性の服装と労働のあり方を正当化する方法が授乳する女性に許された胸の露出であった。

朝鮮時代の婦女にとって、子供を出産すること、特に、男児を出産して家系を継承することはもっとも重要な役割とされた。出産後の豊満な胸は授乳する子どもがいるとの証であり、男児を出産した女性は胸をさらけ出して街を闊歩することができた。「胸の露出」は男児出産と結ばれた働く女性の象徴であった。それは育児をする庶民女性の重労働を外側から支え、維持する役割をしていたのである。

風俗画のなかには、胸を露出する女性たちがたびたび登場する。胸をさらけ出し、頭上運搬をしている女性は、沐浴する半裸の女性が作り出す艶やかなエロティシズムとは無関係であり、男児出産を名目に、女性の労働を確保する手段として容認された姿である。

帖」澗松美術館

申潤福筆「蕙園

④ 法鼓と招福の願い

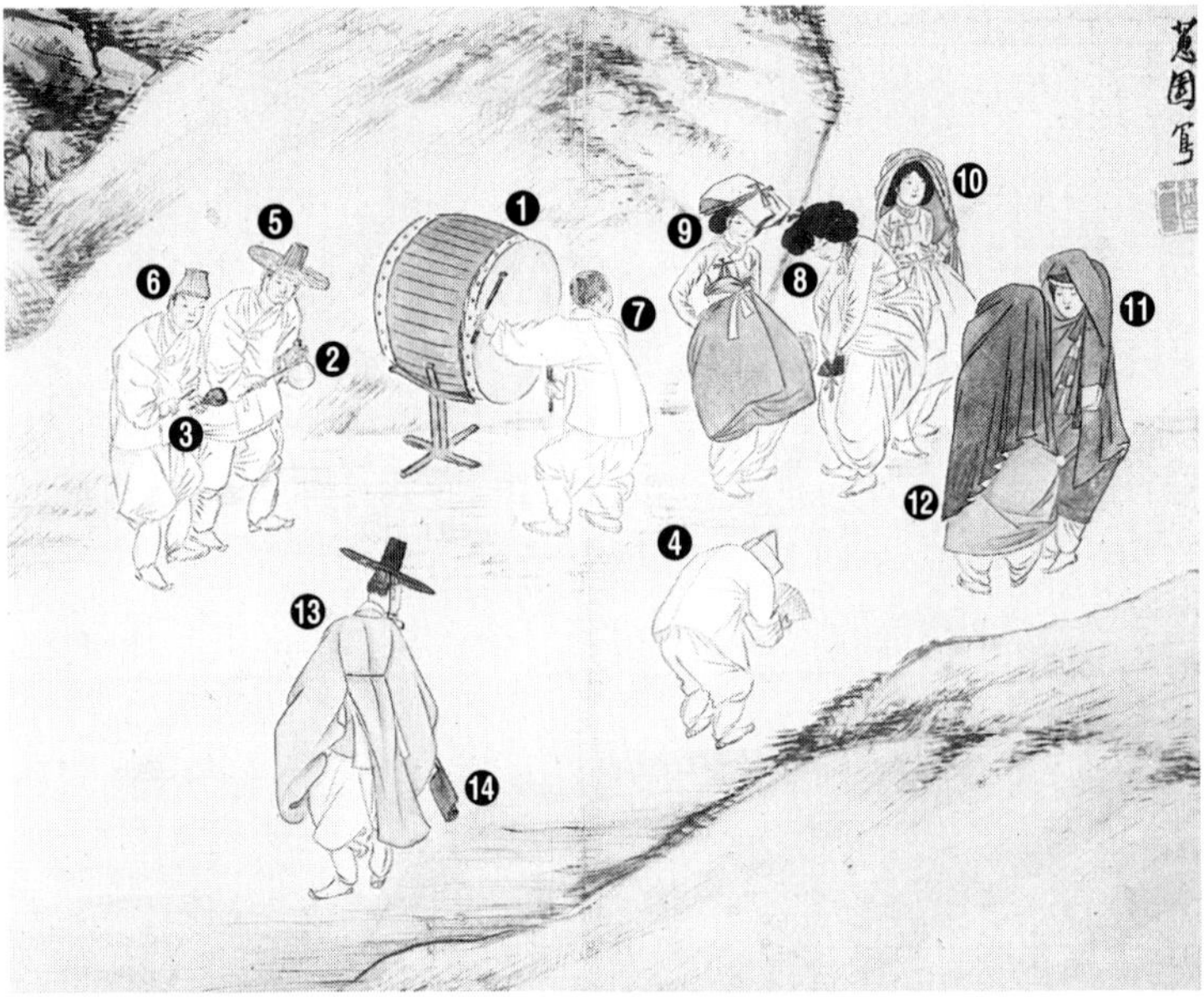

道を通る女性たちが喜捨《きしゃ》を乞う男の一行と出会った場面を描いている。男たちは法鼓とよばれる大太鼓（①）や鉦（②）、そして木魚（③）を叩き鳴らしており、通りかかった女たちは立ち止り、なかの一人が巾着から銭を取り出し、布施をしようとする姿である。山形の頭巾をかぶった男は広げた扇子を女性の方へ差し出し、喜捨を乞うしぐさである（④）。

本来、法鼓は、正月元日の風物詩の一つである。洪錫謨の『東国歳時記』によれば、正月の元日に、「僧侶が大太鼓を担いで街に入り、それを打ち鳴らすのが法鼓である。（僧侶は）募縁文《ぼえんぶん》を地面に敷き、鉦を鳴らしながら念仏を唱えると、人は競って銭を投げる。」と伝える。募縁文は、施主が仏とよい縁で結ばれることを祈願する内容が書かれた護符であり、施主に配られる。また、僧侶の作った餅は子どもの天然痘を和らげると信じられていたので、人々は自分の餅二つを僧の餅一つと交換した。寺の上座の僧侶は、夜明けに漢陽（今のソウル）の城内を回りながら、供養に使う米を乞う。法鼓は除災招福を願う年頭行事として民間に広がったが、正祖年間に、僧侶の都城への出入りが禁止されてから、城外で行われるようになった。

しかし、図のなかに、大太鼓や鉦、そして木魚を打ち鳴らす男たちは僧服を着ていない。チョゴリと脚絆を回したパッチといった庶民男性の典型的な平常服を着衣し、かぶりものも、鉦を打ち鳴らす男は草笠を（⑤）、木魚を叩いている男は、宕巾（タンゴン）をかぶっており（⑥）、僧侶の用いるものではない。僧侶を連想させるのは、山形頭巾と坊主頭の男のみである。仏教行事と関わる法鼓の名を借りて、町で技芸などを売る寺堂牌（サダンペ）と呼ばれる放浪芸能集団かもしれない。山形頭巾をかぶり、腰を屈めて扇子を差し出す男は、喜捨を乞う。芸を売って集まった観衆から喜捨としてもらう銭なので、扇子や扇などに載せて受け取っているのであろう。牌は一組の意味であるが、山形頭巾の男は某甲と呼ばれた牌の頭目のようにみえる。

李能和は『朝鮮解語花史』のなかで、一九世紀末の忠清北道槐山で目撃した寺堂牌（サダンペ）について次のような記録を残している。

（図８）筆者不詳「四季風俗図屏風」（部分）
国立中央博物館

「一人の某甲の下に男が八、九人、女が一、二人いたが、女はみな妙齢であった。男が女を立てて、各地を旅しながら、技芸を売ることを業とした」

彼らの興行は、女寺堂が世俗の雑歌を歌い、男寺堂が小鼓を叩きながら歌を復唱したり、合唱したりしながら技芸をみせ、技芸が終わると、観衆は銭をなげるという。女寺堂は、夜は売春をしたとも言われる。筆者未詳の「四季風俗図屏風」には、男女の寺堂牌（サダンペ）が描きとどめられている。街場で演戯を披露し、喜捨を乞う寺堂牌（サダンペ）姿は、一九世紀末に寺堂牌（サダンペ）を目撃した李能和の証言と合致しており、僧侶の恰好をした男寺堂は激しい身振りで小鼓を打ち鳴らし、女寺堂は扇で銭を受け取るしぐさをしている（図８）。

寺堂（サダン）の始まりについて、李能和は、「寺堂は、初めは社長と呼ばれた。仏教を信奉し、

帰依した男女の集団であり、円覚寺の慕縁から始まった。おそらく（中国の）白蓮社を倣ったのである」と述べている。その信徒集団のなかには、寺に労役を提供し、生活を保障してもらっていた者がいたが、その信者たちが寺堂（サダン）となり、町に出て技芸を売るようになったという。特に、男寺堂は居士とも呼ばれ、僧侶のように慕縁文を売ったというが、そのことから「円覚寺の慕縁」を寺堂の起源とみる説や寺堂牌（サダンペ）が仏教寺院と深い関わりがあると推測される根拠になっている。

「蕙園傳神帖」の図のなかには、「四季風俗図屏風」にみるような女寺堂は描かれていない。人数も多くない小集団の男寺堂であろう。男のみで結成された男寺堂は、朝鮮時代の後期になると、寺堂牌（サダンペ）のような芸人集団の流れに変容し、多様な民衆娯楽を組み込みながら形成されていったと言われる。寺堂牌（サダンペ）の身分は、社会でもっとも低く、酷な差別と蔑視にさらされており、彼らの集団は社会から隔離されたまま、独特な男色社会を維持していた。

しかし、特別な遊戯がなかった朝鮮時代に、寺堂牌の芸は、庶民から民衆の娯楽として歓迎された。図のなかの男一行は大きな太鼓を町へ持ち出し、法鼓行事を真似た芸能を披露しているのであろう。坊主頭や僧侶の山形頭巾は、仏教儀式を象徴する小道具のように用いられたと思われる。

坊主頭の男は桴で大太鼓を叩き打ちながら、視線は女一行に向けており、どうやら布施を促す様子である（⑦）。一人の女性は周りの視線も気にせず、チマをめくりながら巾着を取り出し、布施に積極的に応じる（⑧）。白のチマとチョゴリに草履を履いた姿であり、庶民の女性である。朝鮮

（図９）チョネを被る女　申潤福筆
「蕙園傳神帖」（部分）澗松美術館

（図10）長衣を被る女　申潤福筆
「蕙園傳神帖」（部分）澗松美術館

時代の家庭祭祀の主な担い手は女性であったと言われるが、家庭や個人の招福への関心は女性の方がより深かったのであろうか。

傍らに立つ一行のなかに、一人はかつぎを覆い（⑩）、他の一人は藍色のチマを着衣し、畳んだかつぎを頭上に載せている（⑨）。二人ともチマの裾を右から回しており、身分の低い女性であろう。右側の二人もかつぎで顔を覆い隠している姿である。女性の外出は、身分にかかわらず、顔を隠すことが作法であった。後ろ姿の女性が被っているかつぎは、チマの形に似ているチョネである（⑫）。チョネは、チマのように腰布と紐が付いたもので、腰布に当たる部分で額を隠すように被る。冬には防寒用としても使われた（図9）。その右に立つ女性のかつぎは、襟、袖がついたもので、長衣である（⑪）。外衣と同じく襟、袖、結び紐（ゴルム）が付いているが、着物としては使用されず、被り物である（図10）。両方とも庶民の婦女のかつぎとして使われたが、長衣は、朝鮮時代の中期以降になると、両班家の女性も利用するようになった。二人の女性は、用いているかつぎの違いのみで身分を見分けることはできないが、草履を穿き、小間使いや下女を伴わないで外出をしていることから、庶民とみてよかろう。

画面左下に描かれる男は、偶然目撃した法鼓のパフォーマンスの騒ぎに立ち止っている様子である。黒笠に薄青の外衣（中致莫）を着用し、右手に遮面扇を持っており、両班男性であろう（⑬）。遮面扇は、男女の間に直接顔を合わせることを避けるために用いるもので、扇子とともに、両班男性の必需品であった（⑭）。遮面扇を下ろした男の視線は、布施する女性一行に注がれている。その視線は、妙齢の女性に注がれる異性の好奇心なのか、それとも道端で下着のパッチ（ソッパチ）を露出しながら、寺堂牌（サダンペ）に布施しようとする女に呆れ入って見ているのか、男は、街の芸能には無関心のようである。

帖」国立中央博物館

Ⅲ　飲食を楽しむ

金弘道筆「檀園風俗

① 昼食を食う

図は労働の合間に食事をする庶民を描いた場面である。朝鮮時代の農村では、農作業を家々が共同で行うことが多かった。特に、田植え、草取り、収穫などの農作業は村の男たちが集団で行った。農作業は明け方から始まるために、農作業の合間に、セチャムと呼ばれる食事が何回も挟まれた。その食事にはマッコリと呼ばれるどぶろくが添えられるのが一般的であった。画面右側に、しゃがむ姿勢の少年が持っている酒瓶にはどぶろくが入っているのであろう

（①）。少年の横に片膝を立てている男は、大きめの平鉢を杯として使い、どぶろくを呑んでいる（②）。セチャムを食べるのは仕事場の野外であるため、食器などは地面に置いたままである。朝鮮時代の食事作法は、茶碗を手に持つことはないが、労働の間、急いで食事を済ませようとしているのか、食器を手に持って食事をする姿である（③）。飯は匙で、惣菜を取るときは箸を用い、匙と箸は同時に持って使用しないのが一般的な作法である。図のなかの男たちは箸または匙のみを使用している。露出した上半身、そして、片肌脱ぎの上衣の着方から、仕事の最中であると覗えるが、どぶろくを伴う昼食であるためか、男たちの表情は明るく、くつろいでいる様子である。男たちは、髷を結い上げてはいるものの、網巾（マンゴン）を回して髪の毛を整えていない（④）。平民のなかでも貧しい農民であろう。

セチャムの飯や酒を運ぶのは女性と子供の仕事であった。大きな篭に、多人数の食事を頭上運搬する女性や背負い梯子（ジゲ）で酒瓶を運ぶ少年の姿は、農民の労働を描く際の典型的な図柄の一つである。漢陽大学校博物館の所蔵する「耕織風俗図屏風」にもその図様が登場する（図11）。その図様は、農作業を行う風景と連動し、労働する女性や子供のイメージとして、繰り返して図像化された。英祖が、宮廷の画院に制作させた耕織図のなかで、民の苦労について述べた賛にも、「鎌で草取りをしているところに、昼間になると婦女たちがセチャムを運ぶ図は、二転図」と、農作の風景に結びついたイメージとしてセチャムを運ぶ女性の姿を取り上げている。

酒瓶も少年が運んできたのか、手に持っていつでも注ぐ準備ができている姿勢である。飯が入っ

（図 11）「耕織風俗図屏風」（部分）漢陽大学校博物館

ている篭は女性が運搬してきたものであろう。赤ん坊を授乳している姿から、子供をおんぶして頭上運搬したものと思われる。胡坐をかいて授乳する女性は、おおっぴらに胸を開いている（⑤）。朝鮮時代の儒教の道徳理念では、身分を問わず、身体を隠すことが厳しく要求されていたが、赤子を持つ女性が労働の合間に胸を露出して授乳する姿は珍しくなかった。胸をさらけ出し、授乳する姿は、育児とともにさまざまな家事労働に駆り出された庶民の女性にはごく普通であった。母に連れられてきた子供も昼食に夢中である。総出で働く中で味わう、くつろぎの一時である。

金弘道筆「檀園風俗画帖」国立中央博物館

②　旅籠屋での食事

図は金弘道筆「檀園風俗画帖」のなかの一図で、朝鮮時代の酒幕と呼ばれた旅籠屋《はたごや》の一角を描いたものである。酒幕は、簡単な食事と酒を売りながら、旅人を宿泊させたりもする宿屋を兼ねた朝鮮時代の居酒屋であった。食事代を払えば、旅人は泊まる空間を提供してもらえるが、見知らぬ数人の旅人と相部屋になるのが一般的であった。酒幕（旅籠屋）は、市場の近くや、峠、渡し場などに多かったが、倉庫や厩をも備えた規模の大きいものから、飲食を中心とした小さな旅籠屋まで、さまざまであった。倉庫や厩を備えた酒幕は、朝鮮時代の後期における商工業の発達をその背景にし、交通の要地に開けていたが、図のような小さな酒幕は、旅人に泊まれる場所を提供し、簡単な食事

と酒も売った、宿屋を兼ねた簡易食堂であった。庶民の旅人や市を回る商人たちが主な利用客であり、村に向かう街道には必ずこのような酒幕が数軒あった。

図の中の酒幕には、母屋を背景にした狭い空間に、酒母と呼ばれた店の女将とその子供、そして二人の客が描かれている。母屋を背景にした狭い空間に、酒母（女将）の母親にすがっている姿で、小さな酒幕は酒母一人で切り盛りしているのであろう。子供は酒母（女将）の母親にすがっている姿で、小さな酒幕は酒母一人り、しゃくしで汁気の多い料理を掬っている（①）。台の上には、大きな素焼きの甕と大鉢が見える（②）。焚口は描かれておらず、竈ではない。母屋の炊事場で作った食事と酒を台に並べておき、客に出していると思われる。

二人の客のなかで、竹笠をかぶり、平らな板石にしゃがむ姿で腰をおろしている男は食事をしている（③）。やや大きめの器を傾けて匙ですくう様子から、食べ物は飯に汁をかけて深鉢で出されるジャンクッパであろう。ジャンクッパは、食事を急ぐ旅路の人々に好まれ、酒幕の看板メニューであった。台の上に置かれている甕には調理済みの汁が、大鉢には飯が入っており、酒母（女将）は二つをまぜるだけの簡単なジャンクッパを作っているのであろう。ジャンクッパは、いわば、朝鮮時代のファーストフードである。酒幕は、食事の他に酒も販売していた。酒幕で提供された酒類は庶民にも手の届くどぶろく（マッコリ）か、酒粕を再び濾したような質の低い酒であった。酒粕を再び濾した酒は後代に母酒と呼ばれ、貧しい労働者に親しまれた酒である。朝鮮王朝を通して、禁酒令はたびたび出されたが、農民と軍人にはどぶろく（マッコリ）をたしなむことが許されており、酒を売って生計を立てる庶民が取り扱えるのはどぶろく（マッコリ）と母酒くらいであったと思われる。「檀園風俗画帖」が制作された時代には、今は「庶民の酒」として親しまれている焼酎も両班階級が楽しむ高級な酒だったので、このような酒幕（旅籠屋）で出されることはなかったに違いない。

食事をする男の服装はチョゴリとパッチのみで、外衣は羽織っていない。髪は髷を結い、その上に竹笠をかぶった姿で、マンゴン（網巾）を回して結んだ紐（ダンジュル）が見える（③）。身分は良民であろう。キセルを口にくわえている男は、器売りの行商人のようで、器を背負い、しゃがんでいる（④）。巾着から銭を出している様子から、食事代や酒代を払おうとしているのだろう。青年のような顔立ちであるが、まだ未婚なのか、冠礼前の少年の髪型であるお下げ髪をしている。背負っているのは素焼きの器のようにみえる。おそらく売り物を背負い、村々を回りながら器などを販売する行商人であろう。朝鮮時代における陶磁器の生産は官窯に限られており、民間で焼き、販売することは禁じられていたが、素焼きは、甕店と呼ばれる工場で匠人が作ったものが行商人を通して販売されるか、匠人が直接行商に回る場合もあった（周永河『絵の中の飲食、飲食の中の歴史』四季節出版社、二〇〇五年）。行商人と匠人はどちらも身分は賤民であった。行商人は当然ながら、酒幕（旅籠屋）の主要利用客であった。

図のなかの旅籠屋は、草葺き屋根に掘立柱の粗末な作りで（⑤）、垣根に囲まれている。宿泊できる空間は酒母の後ろにみえる母屋であろう。図は、庶民、特に、下層階級の人々が主として利用する典型的な小さい酒幕を描いたものである。飯と酒、そして宿を安く提供してくれる酒幕は、庶民には親しみやすい空間であったに違いない。酒幕での飲食は田舎の街道沿いによく見かける風景だったのであろう。

帖」澗松美術館

申潤福筆「蕙園

③ 都の小料理屋

「酒肆挙盃《しゅしきょはい》」と小題が付いている申潤福の『蕙園傳神帖』のなかの一図である。小題のとおり、図は「酒肆」を描いている。酒肆は酒を飲むところ、すなわち、飲み屋である。『蕙園傳神帖』が制作された一八世紀末から一九世紀初め頃に、漢陽城内に急激に増え、繁盛したという酒場について、次のような記述が興味深い。「近来、都城には大きな酒場が路地に立ち並び、小さな酒場は軒をつないでおり、国全体がひたすら酒を飲むことばかりをやっている」と嘆き、司諫院《しかんいん》の官僚洪秉聖《こうへいせい》が正祖（在位一七七六―一八〇〇）に上疏して酒場を取り締まることを歎願したが、当時の王である正祖はそれに応じなかったという（姜明官『朝鮮の裏路地の風景』プルン歴史、二〇〇四年）。司諫院は王の政策への誡めを管轄する官庁であり、一種の言論機関の役割も担っていたが、この記述は、禁酒令をめぐり、朝廷が論争を繰り返していたことを想像させてくれる。正祖の前代の王である英祖（在位一七二五―一七七六）は、朝鮮王朝のなかでもっとも厳しい禁酒令を実施したことで知られ、英祖の時代には漢陽（ソウル）から酒場が姿を消したと言われる。しかし、実際は、厳しい禁酒令が必ず守られたわけでもなく、禁酒令による穀物の節約にもつながらなかったことから、正祖は禁酒令で酒場を厳しく取り締まる政策は取らなかった。そのため、正祖の頃から漢陽の街に酒場が急速に増えたと言われるが、図の背景も一八世紀後半に繁盛していた都会の酒場であろう。

築地塀に囲まれた空間には、女将とその左に立っている若い男、そして客と思われる五人の男が描かれている。図のなかの女将は、酒母とよばれた酒幕（旅籠屋）の女将とは異なり、容貌端正な身なりである（①）。板の間には食器棚と米櫃があり、米櫃の上には大小の壺が置かれている（②）。こぎれいな佇まいは、庶民の旅人が主な客であった酒幕（旅籠屋）とは異なる雰囲気である。飲み屋というよりも小料理屋と称すべきであろう。女将は、竈のある縁側に座り、杓子を手にしている。杓子は、汁を掬うために使われるクッジャよりやや小さ目のクギである。女将はクギで酒を掬い、竈の上に置いてある小さな杯に注ぐところである（③）。大鉢はプンジュと呼ばれる酒入れであり（④）、横には酒壺もみえる（⑤）。竈には大きな鉄鍋がかかっており、焚口に火を入れて酒肴などの調理に使われるのであろう（⑥）。立ったままつまみを口にしようとする男やその男を畳んだ扇子を差し出しながら催促するような男のしぐさから、男たちは、座敷での酒宴が終わり、酒場を去ろうとするところなのか。

画面左に立っている若い男は、酒の運びや料理用の火を熾すなど、雑役をしていた酒場の使用人と思われる⑦。髷を結っているが、網巾（マンゴン）はつけていない。画面右側には、五人の男が描かれている。服飾から判断すると、五人は同じ身分ではない。まず、草笠を被り、紅衣を着用している男は別監である⑧。宮廷の各殿に属し雑役をこなした、身分の低い下級官吏である。幅の広い袖をめくり、箸でつまむしぐさをしている。その隣に立っている鬚の男は、帖裏を着衣し、黒笠を被っている⑨。帖裏は文官と武官の軍服（戎服）であるが、男の帖裏は堂下官の官僚の着衣する青玄色であるから、両班官僚であることが分かる。後姿の男は、両班の平常服である中致莫を着ている。扇子を差し出すしぐさの後姿の男も、やや濃い青玄色の帖裏を着衣している⑩。帖裏の裾を右にたくし上げてあり、開いた裾から重ね着した中致莫が覗いて見える。この男も両班官僚である。画面の右側に立ち、三角形の戦巾をかぶっている男は、兵曹で罪人を扱う下級役人の羅将である⑪。帖裏に、鵲衣《ジャクイ》と呼ばれる縞模様の入った半袖の軍服を羽織っている。

女将は、髪型を大きく作った巻き上げ髪をし、しゃれた容姿である。袖幅の狭い半回装チョゴリに、膨らんだ藍色のチマを穿いており、妓女の姿である。都会の料理屋のような酒場は、市井の遊び人が妓女の業ができなくなった退出妓女を女将に立てて経営していたところが多かった。李能和の『朝鮮解語花史』は、このような退出妓女について、平壌教坊を例にして次のように述べている。

「妓女は三〇歳をすぎれば妓女の業を辞めて嫁にいくか、さもなければ妓母に転業する。なかには酒を売り、生業とするものもいる。このような人を鼻頭と呼んだが、それは、頭の上に大きく巻き上げた髪型がまるで象の鼻に似ているからである。妓女の末路は、大概このようなものである」

このような事情は漢陽でもそれほど異なっていなかったのであろう。図のなかの小料理屋も、おそらくは、別監や羅将のような男たちが年取った妓女を立てて営業している酒場（小料理屋）とみてよかろう。

登場人物のうち、小料理屋の女将と別監、そして羅将は、身分上では最下層階級に属する賤民である。朝鮮時代の身分制度は、特権階級の両班階級と被支配階級の常民で構成された「両常体制」を基本にしていた。両班は、文官の東班と武官の西班を合わせて称する支配階級で、常民には、農工商に従事する良民と賤役に従事する賤民に分かれていた。賤民はさらに、七般賤民、八般私賤などと細かく規定されていたが、羅将は七般賤民に分類され、主に、罪人の尋問や笞刑、拷問、押送などを担当した最下級官吏であった。妓女の後ろ盾をしていた妓夫のなかには、別監や羅将のように、宮廷と官庁とのつながりを持った身分の低い男が多かった。彼らは、身分上の差別と制約はあったものの、宮廷や官庁の仕事に携わっていたので、実際はかなり威勢を振るえる立場であっ

（図 12） 申潤福筆「蕙園傳神帖」澗松美術館

た。服飾においても、羅将の模様入りの鵲衣や別監の紅衣は単色を中心とした常民の服装と比べると、やや派手で目立つものであり、洒落た身なりに映っていたのであろう。特に、別監は、漢陽の風流を詠んだ長編歌詞『漢陽歌』のなかにも、最新流行の派手な服装を身にまとい、遊興の先頭に立つダンディーな男として形容されている。身分上は賤民であった妓女が、両班婦女の服飾を自由に着用し、女性服の流行をリードしていたのと同様の脈絡で理解できよう。

しかし、身分上の区別が厳しかった朝鮮時代に、身分の異なる男たちが小料理屋で酒宴を共にする設定は考えられない。朝鮮時代には、階層間の分別は厳しく、衣服や称号あるいは行事の座席などにおいて画然とした分別が定められていた。そのような分別は、日常生活においても厳しく守られており、両班官僚が賤民の下級官吏と酒場で飲食を共にすることは特別な事情がない限り許されるものではなかった。おそらく、別監や羅将は小料理屋の女将と何らかのつながりを持っており、身分の異なる五人の男たちは、小料理屋の主人か斡旋者と客の関係にあったと読み取れる。退出妓女である女将は酒だけを売るのではなく、当然ながら酒客とそれ以上の関係もあり、場合によっては若い遊女を抱えて売春業もしていた。その斡旋と後ろ盾をしたのが、別監や羅将のように、市井の遊興に深い関係を持つ者たちであった。『蕙園傳神帖』のなかに、室内で男に囲まれている妓女らしき女性が登場する図がある（図12）。下女が中門を通り、瓦葺の石積塀に囲まれた別棟に酒を届ける場面である。妓女の横に座り、パッチとチョゴリのみを着衣し、黒笠をかぶっていない者が妓夫で、外衣を着用し、黒笠を被っている二人は客にみえる。小料理屋の一角にもこのような空間が設けられていたと想像できよう。

築地塀に囲まれている小料理屋の手前には、隣接する家屋の瓦屋根や草屋根が描かれており、数軒の家屋が密集しているかのようである⑿。「路地に立ち並び、隣接する酒場と軒をつなげるように立っていた」酒場は、正祖年間以降に繁盛したこのような小料理屋であろう。

筆者未詳「四季風俗図屏風」国立中央博物館

④　焼肉野宴

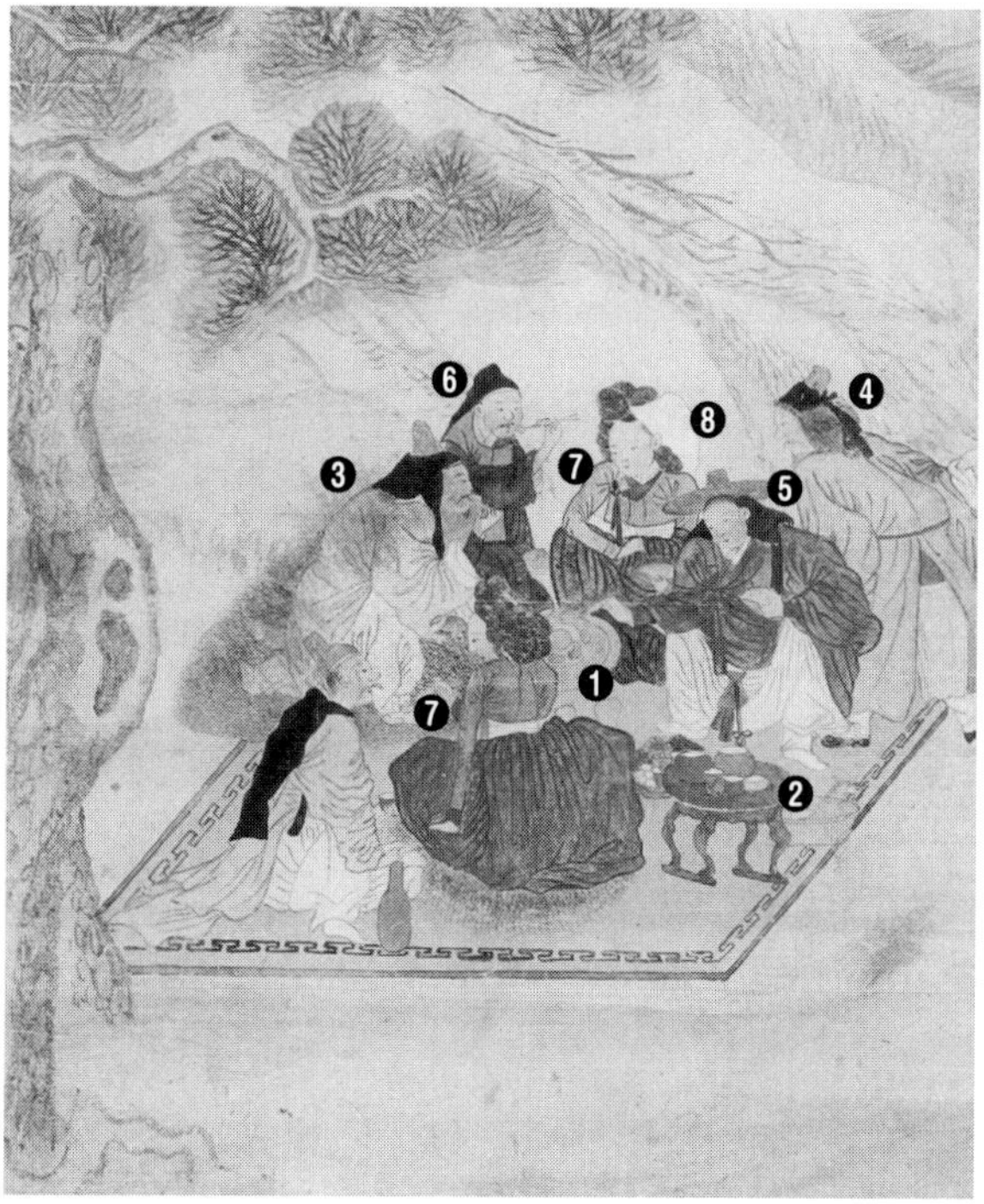

図は老松の下に開かれている焼肉野宴を描いている。莫蓙を敷き、その上に男女七人が座り、火鉢で肉を焼きながら酒を楽しむ野外の小宴を開いている。男女が囲んでいる火鉢には鉄鍋が掛かっており、その上に肉を焼いている（①）。火鉢の隣には、壺と小さな鉢が置かれている猫脚膳、野菜と思われる食べ物を盛った大きい盆、そして杓子が入っている大鉢がみえる（②）。菜箸で肉を焼いている人、焼いた肉を口に入れている人、酒瓶と杯を手にしている人など、場面の設定は、まるで現代における野外のバーベキューパーティを連想させる。洪錫謨が著した『東国歳時記』（一八四九）は、野外で楽しむ焼肉宴会について、陰暦十月に行われる漢陽（今のソウル）の風俗として次のよ

うに記述する。

「漢陽に、火鉢に炭火をぼうぼうと熾し、鉄鍋をのせて牛肉を焼いて食べる風俗がある。牛肉は、あぶら、醤油、鶏卵、葱、大蒜、唐辛子などで調味をし、数人が暖炉を囲んで食べるが、これを暖炉会という。」

肉を炭火で焼いて野菜や惣菜を添えて食べるのは、今の韓国の食文化と同じで、調味料もプルコギと呼ばれる現在の牛肉料理のそれとあまり変わりはない。朝鮮時代に、果たしてこのような贅沢な肉食生活が可能であったのか。

牛肉は、朝鮮時代の儒教祭祀において、もっとも重視された供物とされた。そのために、王室や士大夫の両班家、郷校などで祭祀が執り行なわれる際には供物として牛肉が用いられ、祭祀の後は食肉として使われていた。牛は、老衰して労働力を失った後にも食肉として消費されたが、食用として特別に飼育されていたわけではなかったので、貴重な食材とされた。『東国歳時記』に、宮廷の内医院では、陰暦十月になると、牛から採乳して粥を作り、王室と長老の両班官僚を奉養したことも記述されているが、本格的な寒さが始まる前の陰暦十月に、牛の肉と乳が、滋養食として、限られた特権階級の人々に提供されていたのは興味深いことである。

しかし、牛は農作業と運搬に欠かせない重要な労働力であり、農家では貴重な財産と認識されていたため、簡単に屠殺することはできなかった。宮廷からは頻繁に屠殺禁止令が出され、密屠殺を取り締まるために禁殺都監という官庁が設置されるほどであった。牛の屠殺禁止令は、禁酒令とともに、朝鮮王朝の開国初期からもっとも厳しく施行された法令の一つであった。特に牛肉の消費量が集中していた漢陽（ソウル）の城内には、屠殺業を専門とする賤民（百丁）の都城内への出入りが禁じられることがたびたびあり、食用のために牛を屠殺することを防ごうとした。しかし、このような厳しい屠殺禁止令にもかかわらず、牛の屠殺と牛肉の食用は絶えなかった。食用の目的で牛を屠殺することは、朝鮮時代中期以降に、徐々に増えていった。一部の支配階層は、祭祀の供物としてのみならず、常食することもあったと言われ、牛の屠殺禁止令は、その取り締まりが強化されたり緩んだりしながら、決して守られることはなかった（姜明官、前掲書）。正祖年間に、食肉の習慣はさらに広がり、精肉店の数が増えていったことは間違いない。興味深いことに、『東国歳時記』十二月節に、大晦日が近づくと牛の屠殺禁止令が緩和されたと記されている。司法と刑罰を管掌する刑曹は、屠殺を禁じるために、民間に配った牌を大晦日の数日前に回収し、正月になってから配りなおしたが、それは、平民が正月の祭祀や御節に牛肉を使えるようにした措置であったのであろう。牛肉は平民の間に日常的に消費されることはなかったが、特別な日には牛肉の食用が許されたわけである。図のように、炭火で焼いた牛肉を酒と共に食することは、朝鮮時代においてもっとも贅沢な食べ方の一つとして好まれたに違いない。禁止令にもかかわらず、富裕層の間では、暖炉会のような焼肉野宴が行われていたのであろう。

(図 13) ボンゴジ（フルト帽）金弘道筆
「檀園風俗画帖」（部分）国立中央博物館

火鉢には、炭火がぼうぼうと勢いよく燃えており、その上に鉄鍋が掛かっている。鍋の形は、中央の丸い部分がへこみ、周りの縁が広い（①）。その形はまるで官衙の下級兵卒が被るボンゴジ（フルト帽）に似ていることから、ボンゴジ鍋と呼ばれた（図13）。柳得恭の『京都雑誌』「酒食」の節に、「鍋の名前に氈笠套というものがある。ボンゴジの形をしているのでこのような名前が付いた。野菜は、まんなかのへこんだところに入れて茹で、周りの縁には肉を焼く」という記述がある。焼肉には、このようなボンゴジ鍋がよく使われていたようだ。

男女の服装、特に男性の服装から、季節は冬であることがわかる。朝鮮時代の服装には外套のような冬着は特別になかった。冬には、刺し縫いをした厚めの生地で作ったチマやパッチを着衣するか、防寒具を使うことで厳しい寒さを凌いだ。男性の場合は外衣を重ね着ることもあった。図のなかにも、防寒具を着用している様子が覗える。画面左に、毛糸の座布団に座り、右手で食べ物を摘んで口に入れるしぐさの男性は、風遮（プンチャ）と呼ばれる暖帽と防寒用の腕貫をしている③。風遮は、耳、頬、あごを覆う防寒用の暖帽で、てっぺんに丸く空間を作り、髷や冠が暖帽から出るようにして頭に覆いかぶせるものである。黒笠を着用するときは、風遮の上に被ったが、図の中の男は、タンゴンと呼ばれる冠（宕巾《とうきん》）をして、その上に風遮をかぶった姿である。野宴の場に着いたばかりなのか、莫蓙に足を踏み入れている男は、耳掩《イオム》と呼ばれる暖帽を被っている④。風遮を被った男と同じように、冠（宕巾）が暖帽から出ている。風遮と同じく、この暖帽も、冠（宕巾）を避けながら被る形をしている。うずくまって肉を焼いている男が頭の後ろに垂らしているものは、額を隠さない形をしていることから、帽裙《モグン》と呼ばれる頭巾であろう⑤。服装からみると、かなり身分の高い男ばかりである。画面奥に描かれている男は、幅巾《ボッコン》と呼ばれる頭巾を被り、細い袖の儒生服の上に防寒衣の褙子《ベジャ》を羽織っている⑥。両班士大夫であろう。贅沢な焼肉を堪能することに夢中である。

　男たちの野宴に呼ばれる女性は近親の者ではなく、やはり妓女である。妓女は、箸で肉を摘み、男に食べさせたりしながら、野宴の興を盛り上げている。妓女は、二人とも袖の細い半回装チョゴリに藍色のチマを穿いている⑦。そのなかの一人は髪に白の頭巾を付けている⑧。冷たい風が首に当たらないように付けた防寒用であろう。背景の丘に施された薄い色は雪を表現したのか。図の設定は、『東国歳時記』が述べる陰暦十月の暖炉会であると思われる。

帖」国立中央博物館

Ⅳ　しぐさと労働

金弘道筆「檀園風

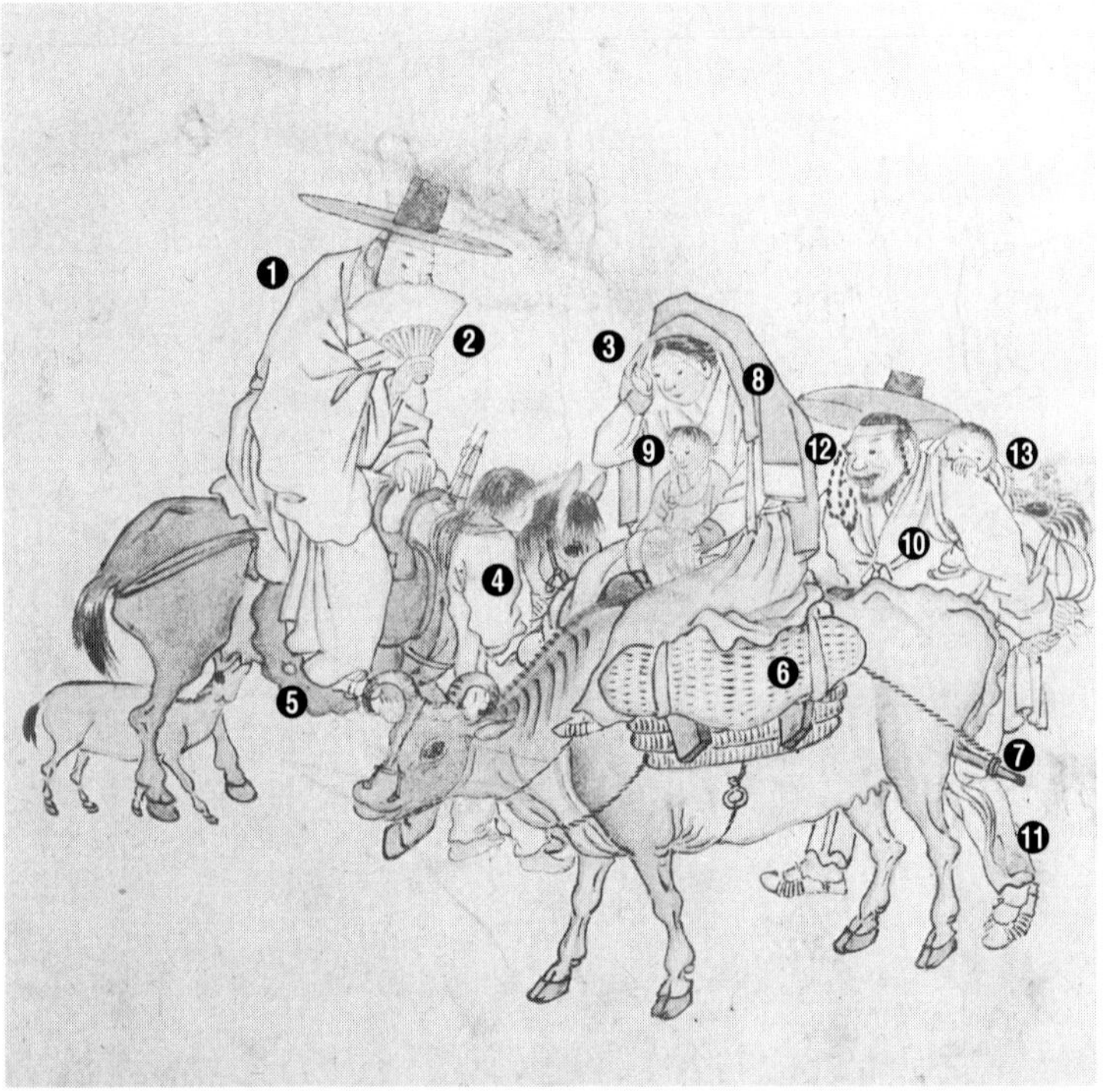

① 顔を隠す女・扇子越しにみる男

道をゆく男女がすれ違う瞬間を描写した場面である。画面左の男は馬に乗り、馬丁が右側から導いている。図の右側の一行は、女性と小さい子供が牛に乗っており、そのすぐ後ろを、男がもう一人の子供と荷包みを背負い、歩いている。馬に乗る男性は、袖の幅がゆったりと広い道袍を羽織り、ひさしの広い黒笠を被っている（①）。すれ違う女性を意識したのか、扇子で顔を隠すしぐさである（②）。朝鮮時代に、男女の間では顔を直接あわせないのが礼儀作法であった。両班男性は、女性の前では扇子や遮面扇《しゃめんせん》で顔を隠すことが作法であったので、外出時には冬でも扇子を持った。それに対して、図のなかの女性は、すれ違う男性に、かつぎで顔を隠すしぐさで礼を表わしている（③）。朝鮮時代に、馬に乗って外出できるのは、男女とも両班階級のみであった。馬丁は馬の進む方向の右側に立つのが一般的であり、堂上官以上の高級官僚は左側に馬丁を置いた。図のなかの馬丁は馬の進む方向の右側に立っており（④）、男性は堂上官より下の両班であると思われる。

両班男性が、馬に泥障（あおり）を敷き（⑤）、その上に載せた乗馬用の鞍に乗っているのとは対照的に、女性は牛の荷鞍に置かれた荷駄に乗っている（⑥）。荷駄は俵のようである。旅や外出時に馬を用いることは、民間の女性のなかでは両班にしか許されておらず、他には、妓女が馬丁を伴い、馬に乗る場合があった。図のように、牛の荷鞍の荷駄にまたがって乗るのは平民の女性である。牛には尻枷（しりがせ）が装着されており、農耕用であることが分かる（⑦）。下女を同伴しないで、牛に乗り外出していることから、女性は農家の婦女であろう。頭から上半身を覆い隠しているのは長衣と呼ばれるかつぎである（⑧）。女性が出かける際は、身分を問わず、かつぎで顔を隠すことが作法であった。長衣は、襟、袖が付いた、外衣のような形で、表地は緑、裏地および襟、結び紐（ゴルム）は紫、袖先は白色にするのが一般的である。袖先は外衣より幅が広く、結び紐（ゴルム）は内側と外側に二重に付いている。被る際は外側のゴルムは垂らし、内側のゴルムを両手で持つ（図14）。庶民婦女の被り物として使われたが、朝鮮時代の中期以降には両班家の女性

（図14）長衣　申潤福筆「蕙園傳神帖」（部分）澗松美術館

も利用した。チョゴリの袖先が緑の生地で当てられていることから、女性は半回装チョゴリを着用していると思われ（⑨）、普段着ではなく、晴れ着姿での外出である。朝鮮時代の既婚女性は、「出嫁外人」と言われ、嫁入りをした女性の里帰りは容易なことではなかった。両班家の既婚女性は、実家の親の訃報があっても里帰りは慎むべきとされ、平民の婦女も、様々な家事労働や自給自足の生業労働から解放されず、里帰りや親族を訪ねることはほとんど不可能に近いものであった。図のなかの女性は家族と共に旅に出る姿であり、生活にゆとりのある、農家の平民婦女であると思われる。

子供をおんぶする男は、夫であろう。外衣の小氅衣を着用し（⑩）、脚絆をまとったパッチに、草鞋を履いている（⑪）。黒笠を被り、笠紐は貝纓である（⑫）。貝纓（笠の飾り紐）は、長く垂らさず、二重に丸めて笠に留めてある。上流社会の両班男性は玉や琥珀、瑪瑙など高価な貝纓を使うことができたが、一般の庶民には手が届かないものであった。図のなかの男が飾っている貝纓は、おそらく蜜蝋の種類で作ったものであろう。子供は、父親の背負う荷物の上に乗っており、さらにその後ろには鶏が描かれている⒀。晴れ着姿の農民夫婦は身なりが整っており、子供を連れて親族の慶事にでも出かけるところなのか。荷駄に入っている穀物と鶏は親族へのお土産であろう。男が妻に愛情を注ぐ行為は恥か修養の足りなさと見做されていた朝鮮時代に、妻と子供を牛に乗せ、自身は子供と荷物を背負って歩いている男の姿からは家族愛が伝わり、微笑ましい。

宴図」国立中央博物館

伝金弘道筆「平壌監

② 城内の風景――いただく女・背負う男

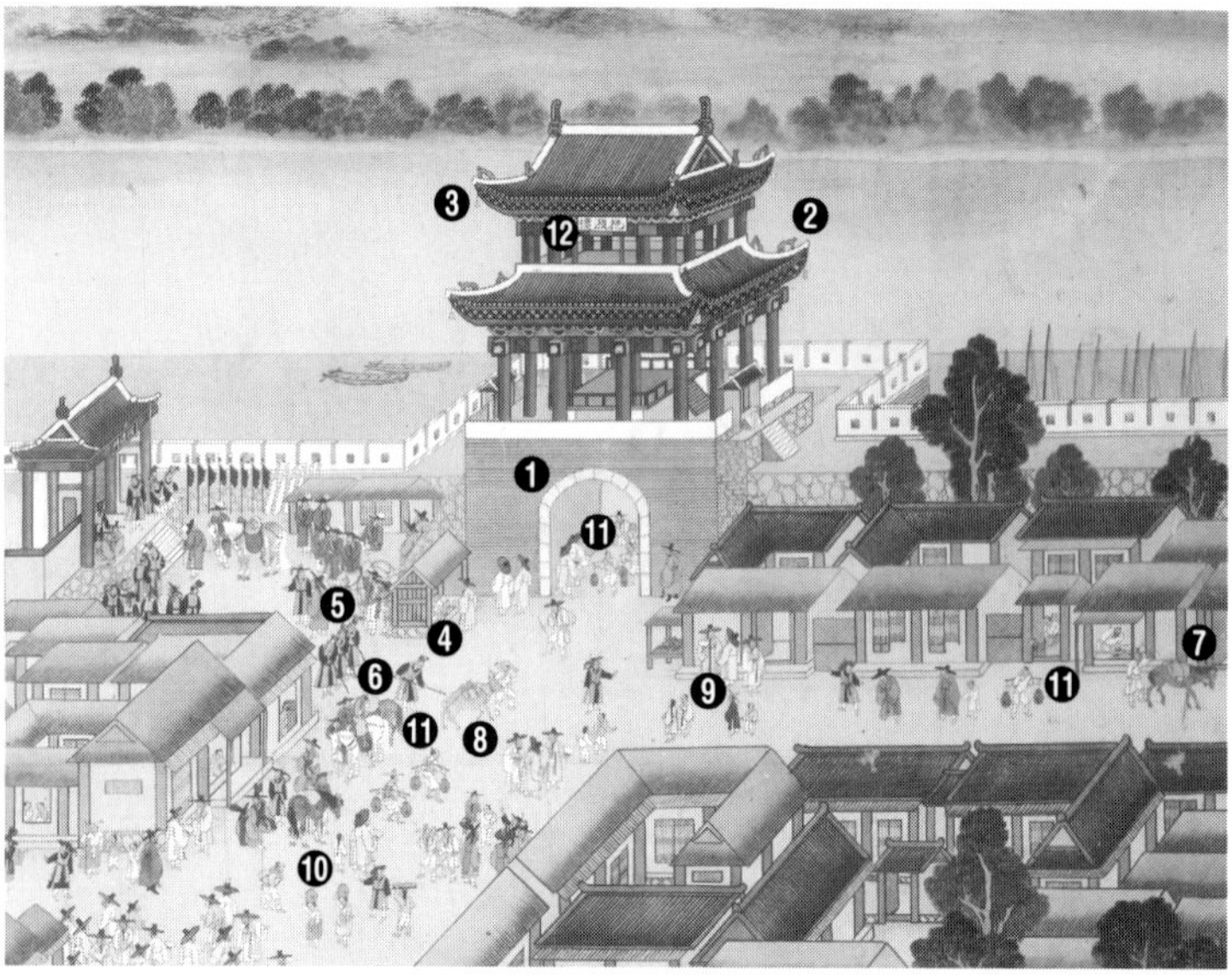

大同江に面した平壌城の城内を描いた風景である。図の正面にみえる大門は平壌城の東にある大同門である。大同門の付近には民家と商店が並び、大勢の人々が行き来する賑やかな場所である。画面左に練光亭への入り口が描かれ、その周辺には官吏や兵卒の姿が目立つ。平壌は朝鮮時代に平壌府と呼ばれた。平壌府には観察使（監司）が置かれ、朝鮮王朝の北部（関西）の行政と軍事を統括する中心的な都市として機能した。また、朝鮮半島の最初の古代国家である古朝鮮の歴史を引き継ぐ由緒深い文化都市でもあった。

大同門の門楼は二階建ての美しい楼閣である。門楼は「挹灝楼」と呼ばれ、大同江に沿う練光亭、浮碧楼、牡丹峰と共に、平壌の名所として名高い。その美しい景色は、平安道文人の詩話書である『西京詩話』にも数多く詠まれている。門楼壁は、その中央にアーチ型の出入り口（虹蜺門）があり、周囲は武砂石と呼ばれる正方形の石を積み上げて築造したものである（①）。均衡の取れた重層の楼閣は美しい彩色（丹青）で装飾され、曲線を描く瓦葺の降り棟には飾り瓦（雑像）が置かれている（②）。飾り瓦（雑像）は、不正な雑鬼の侵入や災厄などを防ぐために、宮殿や城の屋根に飾られた動物像である。各々の隅棟には風鐸が飾られ、後景に広がる大同江からはそよ風が吹いてきて、今にでも風鐸を鳴らすかのようである（③）。図にみるように、大同門の門楼には城内側に「挹灝楼」の扁額が、大同江側には「大同門」の扁額がかけられていた。大同門は、平壌監司が赴任する際に、官船で大同江を渡って入城する重要な城門である。城門の近くには船着場が設けられているため、平常時にも大勢の人々でにぎわった。帆の先端部分のみえる画面右側の付近が船着場であろう。

大同門の門前にある板壁の小屋のなかには、男が押切りで煙草の葉のようなものを刻み、前方に立つ男に渡すしぐさをしている（④）。図の右側にある店にも、男が押切りで煙草の葉を刻んでいる様子である。これらの店は、平壌の名物である西草を刻み、販売する煙草屋であろう。平安道の煙草は西草と呼ばれ、香りのよさで珍重された。西草について、柳得恭の『京都雑誌』は、「平安道の三登・成川などでは、金絲煙という煙草が生産される。俗に西草と称するが、珍奇なものである」と伝える。俗に西草と称されたのは、高麗時代（九一八―一三九二）に平壌が西京と呼ばれたことから、西京の煙草という意味であろう。三登は平壌の東に、成川は平壌の北部に位置しており、共に煙草生産地として有名である。特に、成川の煙草は、「王室香煙」として知られるほど香りがよく、今も成川の特産物であるという。高宗の父君である興宣大院君が、高宗の即位の前、貧困な生活を送った時期に、裕福な米商人の李天一から食糧とともに貴重な西草を送られた恩に、執権後、厚く報いたという逸話が伝わるが、平安道の煙草は、一九世紀以降、煙草の種類が多様化していくなかでも、朝鮮王朝の末まで高級煙草として上流社会で珍重された。

大同門に向かって左側には大勢の軍卒が見える。赤い槊毛の付いた帽子（戦笠）に軍服（号衣）を着ているのは、使令と呼ばれる兵卒である（⑤）。絵には四頭の馬が見えるが、そのうち、左側に描かれた三頭は、位の高い官僚が乗ってきたものなのか泥障（あおり）を敷きその上に乗馬用の鞍を載せており（⑥）、画面右端の荷鞍を載せた運搬用の馬と対比される（⑦）。画面の中央部には、使令が荷鞍を載せた黄牛を追い払っている（⑧）。その右には、青帖裏を着衣し、草笠を被った冠礼少年の姿がみえ（⑨）、城内には様々な階層の人が描かれている。

大同門門前の大通りに、二人の女性が水甕を頭上に載せ、運搬している（⑩）。片手で水甕を支えており、左手は下ろしたままで、杖は持っていない（図15）。水甕を運んでいるのは女性だけではない。大同門のアーチ型の出入り口と門前通り、そして画面右には水甕を天秤棒で担ぐ男たちが描かれている（⑪）。大同江は水質がいいことで有名である。朝鮮時代の後期から伝わる、金先達という平安道の両班が水汲みを巧みにだまして大同江の水を売ったという口伝の説話はあまりにも有名だが、古くから大同江の水は飲用水として好まれ、川辺は水汲みの人出でにぎわった。天秤棒

（図15）伝金弘道筆「平壌監司饗宴図」（部分）

に水甕を吊り下げて城内に入る男は、大同江から水を汲み、運搬しているのであろう。天秤棒は直接肩で担ぐのではなく、水運搬用の背負い梯子に固定されている。その形は、朝鮮時代の背負い運搬にもっとも多く使われた背負い梯子（ジゲ）に比べてやや小型であり、脚は付いていない。水汲みは、背負い梯子に使われる息杖は持っておらず、甕を吊るした綱を両手で支えながら歩いている。この水運搬用の背負い梯子はムルジゲと呼ばれたが、ムルジゲを背負った男や水甕を頭にいただいて運ぶ女性の姿は、二〇世紀前半まで大同江の川辺を賑わした。朝鮮時代の物の運搬には、女性は頭上運搬、男性は背負い運搬がもっとも一般的であった。「男負女戴」は労働する庶民の姿を象徴する表現であるが、ここに見る男女の運搬方法は、典型的な「男負女戴」である。大同門門楼の名称「挹灝楼」⑫は、楼閣から「手を差し伸べ、清い川水をすくい上げる」という意味であるが、大同門周辺にみる飲用水を運ぶ庶民の姿は、古くから大同江のイメージと結びついていたのであろう。

風」漢陽大学校博物館

筆者未詳「耕織風俗

③ 碓《からうす》を搗く女

漢陽大学校博物館が所蔵する「耕織風俗図屛風」の部分図である。朝鮮時代に制作された耕織図は中国の耕織図に倣い、基本構成は織物と農作に関わる図柄で組み立てられた。耕織図は主に宮中の勧戒用として重宝されたが、一八世紀半ば頃から風俗画の制作が活発になると、耕織図の図柄は庶民の日常生活や生業の場面を表わす表現として風俗画に援用された。それと同様に、朝鮮の風俗表現も耕織図のなかに組み込まれるようになった。ここで取り上げた漢陽大学校本の「耕織風俗図屛風」には、耕織図構成の基本をなす織物と農作に関わる図柄のなかに、朝鮮時代の特有な労働の場面が多数含まれている。図は、朝鮮時代の碓を描いており、当時の女性の労働を伝える場面として特に注目される。

搗き屋のなかに、二人の女性が碓を搗いている。子供を背負う女性は鉢巻をし（①）、もう一人の女性は手拭い頭巾をしている（②）。二人ともパッチは紐で留め、たくし上げられたチマも腰紐で縛っており、庶民婦女が労働する典型的な姿である（③）。李能和の『朝鮮女俗考』によれば、婦女舂役について、「農家の婦女は碓を使い、米、麦、黍などを搗く。これらは婦女がやらなければならない仕事である。朝は飯を炊き、昼は畑に食事を運び、夕方は麦を乾かして臼搗きをし、終日休む暇がない」と述べているが、女性が担うべき数多くの家事労働や生業労働のなかでも、特に、碓を搗くことは女性の役割とされ、搗き屋は女性の労働空間であった。

図のなかの搗き屋は農家の庭の一角にある。図の左上にみえる甕は、醤油や味噌などを入れる醤油甕で、炊事場の近くに設けられた甕置き場に置かれるのが一般的であることから、図のなかの搗き屋は農家の敷地内にあるものと思われる（④）。上流階層では専用の碓搗き屋を所有し、炊事場のような女性の生活空間に近いところに設けた。中流家庭では四、五戸に一つほどの割合で搗き屋を共有していたが、庶民は、村人が共同で利用する搗き屋を造り、その管理も共同で行う場合が多かった。当時、穀物は、その日に消費する分量のみをその日に搗いたので、搗き屋は必需であった。搗き屋の屋根は草葺きが一般的で、上流家庭でも搗き屋の屋根は藁で葺き、近隣に倹約する家柄であることを示したという。搗き屋は、踏み台の方向には壁を設けず、他の三面は低めの壁をめぐらすのが一般的であるが、扉はつけない。図のなかの搗き屋も屋根は草葺きで、藁壁で空間が遮られている（⑤）。正面には藁壁がなく、開放されているが、実際には正面にも壁はあったのであろう。搗き屋の中が見渡せるよう、壁が取り払われた構図で描かれたためである。

二人の女性の搗く碓は、杵の端に叉木が用いられており、いわゆるY字型の踏臼である（⑥）。中国や日本では一直線の一本の横木を使う杵が一般的であるが、朝鮮時代には、踏み台が一本の杵と、叉木の踏臼が併用されていた。朝鮮半島で「碓」というと、図のようなY字型の踏臼を指し、横木が一直線の碓は、〝片足碓（ウェダリバンア）〟と呼び、明確に区別した。碓は、稲作とともに中国から伝来した農機具であるが、Y字型の叉木の踏臼は、朝鮮半島の特有なものである（金光彦『ディディルバンア研究』産業知識社、二〇〇一年）。

二人の女性は、それぞれの踏み台に脚を置き、吊り下げられた支え綱を片手で持ち（⑦）、体重を乗せた左足で踏み台を踏んでおり、横木の先は上がっている。体重を乗せた足の力を抜き、踏み放すと、横木の端に付いている杵が降りて臼の中の穀物を搗く。臼は独楽のような形をし、上の部分は丸いが、下に下がるにつれ細くなる（⑧）。底の大きさは、杵の直径の一・五倍ほどであるという。臼は、一段と低い所の土のなかに埋める。臼からこぼれ落ちた穀物を黍箒などで掻き集めて入れもどすために、臼の周りは平らに整えられる。図の右側にうずくまっている老女は手に黍箒を持っているので、こぼれ落ちた穀物を掻き集めていることがわかる（⑨）。碓搗きには三人が共同で行う場合が多いが、碓が大きくて穀物の量が多いときには五人が力を合わせた。なかの一人は、図のなかの老女のように、こぼれ出る穀物を臼に入れもどす役割を担う。さらに、横木が長くて丈夫な碓は、七人、もしくは九人が共に搗くこともあった。

搗き屋の左側の男性は、体を丸めて片脚で俵を押しながら俵の縄を引っ張る姿勢である（⑩）。

搗き終えた穀物を入れた俵を締めている動作と見受けられる。俵の端に桟俵が確認できることから、朝鮮時代の中期以降に、すでにこのような俵が使われていたことが推測できる。

碓の役割は穀物を搗くことだけではなかった。民間では、碓は疫病を防ぐ力があると信じ、その信仰はほぼ全国に広まっていた。慶尚北道では、疫病の噂が広まると、他の村の搗き屋から杵を盗み、叉木に女性の下着を着せて、村の守護神の横に立てた。叉木を女性の身体に見立て、疾病を防いでくれることを祈願した。忠清南道では近隣の村の碓を盗み、祈願の道具としたというが、碓の盗みの役割は女たちが担い、男はその様子をみることが禁じられた。碓を盗まれた人は、その地方のはやり病が終息するまで、返還を催促しなかったという。朝鮮時代のパンソリ芸能『春香伝』の一節に、「若旦那は死んで杵になり、春香は臼になってあの世を楽しもう」という歌詞があり、碓の杵と臼はそれぞれ男女を象徴するとも言われる。

搗き屋は、地域によっては、妊娠や出産と関わりが深い場所とされた。最近までも京畿道地域では搗き屋で性行為すると男児が生まれると信じる習俗があったという。忠清南道では、同じ家屋に同居する女性が同時に出産を迎えた場合に、先に出産する人が母屋で、次の人は搗き屋で出産したと伝えられている。このように、搗き屋は、女性の労働空間だけでなく、病気を退治する場所や産室とも使われ、女性ために機能する場として認識された。

帖」澗松美術館

申潤福筆「蕙園

④ 川辺の洗濯と沐浴

図は、小さな渓流のほとりで洗濯をする女性と、沐浴を終え、身繕いをしている女性を描いている。上半身を露出した年配の女性は、洗濯が終わったのか、洗濯物を広げている。渓流を挟み、画面左側には弓を持つ若い男が立っている。

朝鮮時代の一般的な洗濯方法は、渓流で平たい石の上に洗濯ものを載せ、棒で叩いて垢をとり、流れる渓流でゆすぐ方法であった。朝鮮時代の庶民の衣料は綿布と苧布が多かったので、水に十分に浸し、棒で叩いて繊維から汚れを落とす方法がもっとも効果的だったのである。灰汁に浸して垢を溶かし出す場合もあったと思われているが、庶民の衣類は白色の木綿が多かったので、繊維が早く傷む灰汁に浸す洗濯法より、洗濯棒で叩いて汚れを取り、日光に晒して乾すことを繰り返すことで木綿の白色を維持する方法が一般的であった。閔周冕が編纂した『東京雑記』（一六六九）には、「服の色は白を崇尚した」と伝えるが、朝鮮時代の庶民服は白色が多く、士大夫と儒生が着衣する深衣や鶴氅衣などにも、白色は文人の品格を象徴する色としてよく使われた。

絹織物で裁縫した衣類のように、種類によっては、縫い目をすべて解いて洗濯をしなければならなかったので、洗濯は針仕事とともに、女性の重労働の家事の一つであった。しかし、渓流の洗濯場は、厳しい労働にもかかわらず、女性たちに楽しい一時を提供する社交の場でもあった。川辺で女たちが集まり、洗濯棒で洗濯物を叩きながら雑談を楽しむ姿は、風俗画のなかにたびたび登場する。興味深いことに、朝鮮時代の風俗画のなかには、日本の中世の絵巻にみるような井戸端で足踏み洗いをする図様はみあたらない。また、洗濯物を桶などに入れ、手揉み洗いをする様子も朝鮮時代に制作された絵画資料には描かれていない。二〇世紀初頭に描かれた金俊根の「箕山風俗画帖」にも細流で洗濯する女性が描かれており、川辺での洗濯は、二〇世紀に入っても一般的な洗濯法であったと思われる（図16）。細流のほとりで洗濯棒で叩いて洗濯する姿や手揉み洗いをする女性たちは、二〇世紀初頭の朝鮮王朝の風俗を伝える写真や絵葉書などにも繰り返し登場する（図17）。重労働の洗濯をこなしているにもかかわらず、女性たちの表情は意外と明るいのが印象的である。洗濯場は、日常のさまざまな出来事が語られる女たちの憩いの場の役割をしていた。朝鮮時代には、身分の上下とは関係なく、女性の外出は厳しく制限されていたが、洗濯場は、女性たちが自由

（図16）金俊根筆「箕山風俗画帖」崇実大学校韓国基督教博物館

を満喫できる数少ないくつろぎの場でもあった。

洗濯に訪れた女たちは渓流で体も洗った。朝鮮時代の住宅には、沐浴できる専用の空間は特に設けられておらず、女性は炊事場で部分浴をするのが一般的であった。女性にとって渓流は、洗濯をし、ついでに体と長い髪を洗い、身だしなみを整える恰好の場所であった。図のなかにも、沐浴を終えて、洗ったばかりの髪の毛を編んでいる女性が描かれている（①）。ミンチョゴリに単色のチマを穿いている素朴な姿であり、庶民の婦女である。丈の短いミンチョゴリからは、胸がさらけ出されてみえる。傍らには髢が置いてあり、庶民の女性も髢をふんだんに使い、髪形を大きく豊かに作っている（②）。風呂敷包みのなかにも髢が入って

（図17）川辺での洗濯　二〇世紀初め

いるのであろう。

洗濯をする女性は、太腿の間にチマを捲くりいれてしゃがみ、洗濯棒で叩きながら衣類を洗っている（③）。額を覆うほど大きな巻上げ髪をしており、身だしなみに気を配る若い女性の容姿である。朝鮮時代の女性の髪形は、未婚の女性は編んだ髪を後ろに垂らすお下げ髪で、既婚の女性は編んだ髪を頭の上部で丸くまとめて固定する巻上げが一般的であった。巻上げ髪は大きく作れば大きいほど女性のおしゃれとされ、婦女の間には、髪を編む際に、高価な髢をいれる奢侈が流行った。その流行は庶民にも及び、競って髪を大きくかざり、社会問題にまでなっていた。貧しい庶民の女性も貧弱な髪型は恥とし、髪形には大金を掛ける風潮が広まった。そのため、宮廷からたびたび加髢巻上げ髪の禁止令が出され、質素な髷髪が奨励された。

しかし、その後も、巻上げ髪は、完全に姿を消すことはなく、髷髪と共に混用されていた。この髪型は一八世紀後半を境に徐々に変っていき、一九世紀に入ると、後ろに編んだ髪を髷のように結い束ね、簪を挿して固定した髷髪が一般化していった。図のなかの庶民の女も、高価であるはずの髢をふんだんに使い、豊かな髪型に整えている様子である。洗濯する女の髪型も、洗濯棒を叩くたびに、どっしりとした重い巻上げ髪が落ちそうであり、大きい加髢の髪型をもっとも重視した当時の若い女性の流行を窺わせる。その後ろに、上半身を露出し、洗濯物を広げる女性は、やや年配に描かれている（④）。巻上げ髪は軽くみえ、二人の若い女たちの髪型と比較される。髢を入れずに編み上げたようで、貧しい庶民であろう。

朝鮮時代の男女は「男女七歳にして席を同じくせず」という儒教倫理に強く拘束されており、若い男女が顔を合わせる機会は限られていた。そのなかで、渓流や細流のほとりは、体を露にする女性の姿があり、それを垣間見みようとする男たちの視線が注がれる場所でもあった。女性の洗濯や沐浴の空間を捉えた風俗画には、必ずといっていいほど、盗み見する男たちの姿を伴う。小僧もいれば、両班士大夫の姿もある。画面左に立つ若い男も、視線が洗濯場の女たちに向けられている（⑤）。青年は氅衣の袖を弓籠手でまとい（⑥）、弓と矢を持つ姿であるから、狩りに出た者であろう（⑦、⑧）。渓谷で偶然遭遇した女たちの露出した体に、視線が注がれてしまう男の姿は、リアリティーの一こまを表わしたのであろう。

参考文献

安輝濬「韓国風俗画の発達」（『韓国の美』一九）ソウル：中央日報社、一九九四年
李能和（李在崑訳）『朝鮮解語花史』（東文選文芸新書二九）ソウル：東文選、一九九二年
李能和（金尚憶訳）『朝鮮女俗考』（東文選文芸新書二八）ソウル：東文選、一九九〇年
李京子『韓国服飾史論』ソウル：一志社、一九八三年
李石来校註『漢陽歌』ソウル：新丘出版社、一九七四年
李勳鐘『民俗生活語辞典』ソウル：ハンギル社、一九九七年
李勳鐘『国学図鑑』ソウル：一潮閣、一九九七年
李徳懋『青荘館全書』（韓国文化叢刊二五七―二五八）ソウル：民族文化推進会、二〇〇〇年
イ・ピリョン『村の信仰の社会史』ソウル：ウンジン出版、一九九四年
イ・テホ『風俗画Ⅰ』ソウル：デウォン社、二〇〇二年
イ・テホ『風俗画Ⅱ』ソウル：デウォン社、二〇〇二年
金光彦『ディディルバンア研究』ソウル：産業知識社、二〇〇一年
金英淑編著『韓国服飾文化辞典』ソウル：美術文化、二〇〇四年
金英淑「朝鮮朝後期地方官衙の服飾」『淑明女大論文集』一七、一九七七年
金三不編著『国文学参考図鑑』ソウル：新学社、一九四九年

金貞我「朝鮮時代の図像資料と風俗画―女性をめぐる眼差し―」『非文字資料研究』第五号、二〇〇四年
金貞我「申潤福筆『蕙園傳神帖』について―朝鮮時代の風俗画にみる女性像―」『年報人類文化研究のための非文字資料の体系化』第二号、二〇〇四年
金貞我「韓国・朝鮮編の生活絵引編纂と図像資料―「平壌監司饗宴図」を題材にして―」『図像・民具・景観　非文字資料から人類文化を読み解く』神奈川大学二一世紀COEプログラムシンポジウム報告第五号、二〇〇七年
金龍徳『韓国史の探求』（乙酉文庫六一）ソウル：乙酉文化社、一九八八年
コ・キョンヒ「朝鮮時代韓国風俗画に表れた食生活文化に関する研究」『韓国食生活文化学会誌』一八、ソウル：韓国食生活文化学会、二〇〇三年
姜寛植『朝鮮後期宮中画院研究（上）』ソウル：ドルベゲ社、二〇〇一年
姜寛植『朝鮮後期宮中画院研究（下）』ソウル：ドルベゲ社、二〇〇一年
姜明官『朝鮮の人々、蕙園の絵から歩き出る』ソウル：プルン歴史、二〇〇三年
姜明官『朝鮮の裏路地の風景』ソウル：プルン歴史、二〇〇四年
国立国楽院編『朝鮮時代音楽風俗図Ⅰ』ソウル：民俗苑、二〇〇二年
国立国楽院編『朝鮮時代音楽風俗図Ⅱ』ソウル：民俗苑、二〇〇四年
琴基淑『朝鮮服飾美術』ソウル：悦話堂、一九九四年

沈雨晟『男寺堂牌研究』ソウル：同和出版公社、一九七四年
崔南善（相場清訳）『朝鮮常識問答：朝鮮文化の研究』宗高書房、一九六五年
成俔『慵斎叢話』（思想大全集八）ソウル：同和出版公社、一九七二年
朱南哲『韓国の庭園』ソウル：高麗大学出版部、二〇〇九年
張寿根『韓国の歳時風俗』法政大学出版局、二〇〇三年
ジャン・スクウァン『伝統の男子装身具』ソウル：デウォン社、二〇〇三年
陳準鉉『檀園金弘道研究』ソウル：一志社、一九九九年
周永河『絵の中の飲食、飲食の中の歴史』ソウル：四季節出版社、二〇〇五年
『朝鮮時代私撰邑誌五二平安道』ソウル：韓国人文科学院、一九九〇年
趙孝順『韓国服飾風俗史研究』ソウル：一志社、一九八八年
趙孝順「朝鮮朝女性服飾奢侈とその影響」『国際服飾学会誌』一、一九八八年
『東アジア生活絵引―朝鮮風俗画編』（神奈川大学二一世紀COEプログラム推進会議「人類文化研究のための非文字資料の体系化」、二〇〇八年
鄭炳模「平壌監司は一品監司」『国楽ヌリ』二〇〇六年一〇月
鄭炳模『韓国の風俗画』ソウル：ハンギルアート、二〇〇〇年
鄭炳模「豳風七月図流絵画と朝鮮朝後期俗画」『考古美術』一七四号、ソウル：韓国美術史学会、一九八七年

鄭炳模「朝鮮時代後半期の耕織図」『美術史学研究』四号、ソウル：韓国美術史学会、一九九一年
鄭ソンヒ『朝鮮の性風俗』ソウル：図書出版ガラム、一九九八年
朝鮮総督府中枢院編『李朝実録風俗関係資料撮要』国書刊行会、一九八七年
平壌郷土史編集委員会『平壌誌』ソウル：国立出版社、一九九九年
洪善杓「朝鮮時代風俗画発達の理念的背景」（『韓国の美』一九）ソウル：中央日報社、一九九四年
洪錫謨『東国歳時記』（韓国学研究会編）ソウル：大提閣、一九八七年
藤田東三『李朝実録朝鮮婚姻考』大同印書館、一九四一年
ファン・ミヨン「朝鮮後期絵画を通してみる音楽文化」『韓国音楽研究』ソウル：韓国国学学会、二〇〇二年
閔周冕『東京雑記』（韓国思想大全集一二）ソウル：良友堂、一九八八年
尹秉俊『春雑記』、ソウル：回想社、一九七六年
柳得恭『京都雑誌』（韓国学研究会編）ソウル：大提閣、一九八七年
柳喜卿・朴京子『韓国服飾文化史』源流社、一九八三年

図版出典

中潤福筆「蕙園傳神帖」：『蕙園傳神帖』、ソウル：探求堂、一九七四年

趙栄祏筆「麝臍帖」：イ・テホ『風俗画Ⅰ』ソウル：デウォン社、二〇〇二年
（図6）：『民族の写真帖Ⅲ』ソウル：瑞文堂、二〇〇五年
（図17）：『民族の写真帖Ⅰ』ソウル：瑞文堂、二〇一〇年

あとがき

筆者は、神奈川大学二一世紀COEプログラム「人類文化研究のための非文字資料の体系化」に二〇〇三年から二〇〇八年まで五年間、共同研究員として研究に参画した。私が主に担当していたのは、第一班「図像資料の体系化と情報発信」の課題の一つである『東アジア生活絵引―朝鮮風俗画編』の編纂であった。この東アジア版の生活絵引の作成は、日本常民文化研究所が編纂した『絵巻物による日本常民生活絵引』（平凡社、一九八四年、以下に『常民生活絵引』と称する）による図像の文化研究資料化の方法やその意義を継承発展させ、同様の編纂方法を朝鮮時代の風俗画資料に拡大することを試みたものであった。周知のように、『常民生活絵引』は、絵巻物の文脈にはこだわらず、各場面の状況に浮かび上がる人間像や事物に観察眼を向け、生活文化に関する情報を引き出して編纂した資料集である。

しかし、『常民生活絵引』と同じ方法を朝鮮時代や中国の絵画資料に適用することは容易なことではなかった。例えば、『東アジア生活絵引―朝鮮風俗画編』を刊行するために第一に着手しなければならなかったのは、朝鮮時代の図像資料の探索であった。朝鮮時代の図像資料は、日本中世の絵巻物や近世に制作された豊富な風俗画類とは事情を異にする。個々の作品に描かれた情報が豊富な巻物類は少なく、生活風俗が描写されているのはごく一部の屏風絵や画帖である。そこで、幾つかの試行錯誤を経て、絵引資料として選択したのが一八世紀後半から一九世紀初め頃に制作された一連の風俗画であった。朝鮮半島に関連する風俗資料を収集する過程では、民俗学の福田アジオ氏から始終懇切な支援をいただいた。また、図像資料の具体的な読み取りを始めた際には、中野泰氏が共同研究に加わり、貴重な意見を交換することができた。

今になって考えれば、『東アジア生活絵引―朝鮮風俗画編』の編纂過程の事始は、錠前の合わない南京錠を眼の前にして合鍵を探す作業に近いものであったと感じる。異なる研究領域の研究者がそれぞれの境界を崩し合いながら共通の図像資料を取り上げ、描かれた個々の事物や行為に名称を与え、資料の解釈を行うためには、膨大な関連資料の渉猟が必要だった。その過程で得られた成果は少なくなく、中間報告は、神奈川大学ＣＯＥプログラムの年報や国際シンポジウムを通して発表してきた。以下に初出をあげておく。

「朝鮮時代の図像資料と風俗画―女性をめぐる眼差し―」『非文字資料研究』五、二〇〇四年

「申潤福筆『蕙園傳神帖』について―朝鮮時代の風俗画にみる女性像―」『年報人類文化研究のための非文字資料の体系化』第二号、二〇〇四年

「風俗表現における図像の伝統と創造」『年報人類文化研究のための非文字資料の体系化』第三号、二〇〇六年

「都市図にみる風俗表現の機能」『図像から読み解く東アジアの生活文化』神奈川大学二一世紀Ｃ

ＯＥプログラムシンポジウム報告三、二〇〇六年
「韓国・朝鮮編の生活絵引編纂と図像資料―「平壌監司饗宴図」を題材にして―」『図像・民具・景観　非文字資料から人類文化を読み解く』神奈川大学二一世紀ＣＯＥプログラムシンポジウム報告四、二〇〇七年
『東アジア生活絵引朝鮮風俗画編』（担当分、「朝鮮時代の風俗画資料と絵引編纂」）二〇〇八年

本書は、これらの成果を参考にしながら、幾つかの間違いを訂正し、新たな知見を加えて執筆したものである。なかでも、朝鮮時代の女性の生活文化に焦点をあてたが、内容においてはこれらの拙稿を参考にした部分が多い。また、共同研究のメンバーから得たご教示も多数含まれているが、その議論を本書に反映したのはすべて筆者の責任である。

風俗画を、絵画として鑑賞の対象だけに限るには、あまりにも膨大な情報を秘めている。近年の美術史方法論のなかには、作品の画題や表現様式の特徴に限らず、作品が発信するメッセージやイデオロギーまで読み取り、作品が制作された社会背景を究明することも美術史研究の重要な役割と見做されている。他方、絵画資料は、歴史や民俗、芸能史、文化研究などに重要な資料として注目を集めてきた。朝鮮時代の風俗画による絵引編纂は、朝鮮時代の図像を学際的協調により、資料化に向けて第一歩を踏み出したものであり、当時の生活文化を発信する極めて有効な情報源になると確信する。

拙書をまとめるまで実に多くの方の協力を得ることができた。神奈川大学二一世紀COEプログラム「人類文化研究のための非文字資料の体系化」の拠点リーダーであった福田アジオ氏をはじめとして、朝鮮風俗画共同研究のメンバーであった中野泰氏、そして第一班「図像資料の体系化と情報発信」の班員には、とりわけ、深く感謝の意を表わしたい。

著者紹介

金貞我（きむ　じょんあ）

1959年、韓国生まれ。
1997年東京藝術大学大学院美術研究科日本・東洋美術史専攻博士課程単位取得修了。米国オレゴン大学アジア・太平洋研究所研究員。神奈川大学外国語学部国際文化交流学科元特任准教授、同大学非文字資料研究センター元主任研究員。

専門分野：東アジア絵画資料における表象文化、図像資料学研究。

主要論文：「美人図のイコノロジー—朝鮮時代の烈女像」（『ジェンダー・ポリティクスを読む—表象と実践のあいだ』、御茶の水書房、2010年）『東アジア生活絵引朝鮮風俗画編』（共編著、神奈川大学21世紀COEプログラム研究推進会議、2008年）、「風俗表現における図様の伝統と創造—東アジア風俗画資料の作例から—」（『人類文化研究のための非文字資料の体系化』３号、2006年）、「申潤福筆『蕙園傳神帖』について」（『人類文化研究のための非文字資料の体系化』２号、2004年）、「宗達派『伊勢物語絵色紙』の考察」（『美術史』139号、1996年）など。

装画：申潤福筆「蕙園傳神帖」（部分）澗松美術館、
金弘道筆「檀園風俗画帖」（部分）国立中央博物館

神奈川大学21世紀COE研究成果叢書
神奈川大学評論ブックレット　35

風俗画《ふうぞくが》のなかの女《おんな》たち——朝鮮時代《ちょうせんじだい》の生活文化《せいかつぶんか》——

2012年10月5日　第1版第1刷発行

編　者——神奈川大学評論編集専門委員会

著　者——金貞我（KIM Jeong Ah）

発行者——橋本盛作

発行所——株式会社御茶の水書房
〒113-0033　東京都文京区本郷5-30-20
電話　03-5684-0751

装　幀——松岡夏樹

印刷・製本——東港出版印刷株式会社

Printed in Japan
ISBN 978-4-275-00990-6　C1022